责任

企业就是你的帆

文启智 / 编著

中华工商联合出版社

图书在版编目（CIP）数据

责任：企业就是你的帆／文启智编著 . —北京：
中华工商联合出版社，2020.7

ISBN 978 - 7 - 5158 - 2765 - 0

Ⅰ. ①责… Ⅱ. ①文… Ⅲ. ①企业责任 - 社会责任 -
研究 Ⅳ. ①F272 - 05

中国版本图书馆 CIP 数据核字（2020）第 126830 号

责任：企业就是你的帆

编　　著：	文启智
出 品 人：	刘　刚
策划编辑：	付德华
责任编辑：	楼燕青
封面设计：	田晨晨
版式设计：	北京东方视点数据技术有限公司
责任审读：	于建廷
责任印制：	陈德松
出版发行：	中华工商联合出版社有限责任公司
印　　刷：	盛大（天津）印刷有限公司
版　　次：	2020 年 9 月第 1 版
印　　次：	2024 年 1 月第 2 次印刷
开　　本：	710mm×1020mm　1/16
字　　数：	180 千字
印　　张：	14
书　　号：	ISBN 978 - 7 - 5158 - 2765 - 0
定　　价：	68.00 元

服务热线：010 - 58301130 - 0（前台）

销售热线：010 - 58302977（网店部）

　　　　　010 - 58302166（门店部）

　　　　　010 - 58302837（馆配部、新媒体部）

　　　　　010 - 58302813（团购部）

地址邮编：北京市西城区西环广场 A 座

　　　　　19 - 20 层，100044

http://www.chgslcbs.cn

投稿热线：010 - 58302907（总编室）

投稿邮箱：1621239583@qq.com

前言

相信很多人都听过这么一个故事：

可口可乐某分公司招聘管理人员时，面试题目只有一道，那就是：谈一谈你对责任的理解。

很多人觉得这个问题实在是太简单了，还需要费心思考吗？面试者络绎不绝，但是距离招聘发出的日期已过去很长一段时间了，居然没有一个人被录取。大家不禁开始疑惑起来，是不是可口可乐公司根本就不缺人，发这个招聘广告只不过是个噱头罢了！

面对大家的疑惑，招聘经理出来发声了："其实，我和诸位考官都非常欣赏各位前来面试者的才华，你们对责任的解读可谓全面、具体，有深度，有广度，而且语言简洁流畅，非常好！不过，遗憾的是，大家都没有注意到，我们这次面试的不是一道题，而是两道题。大家都只做了第一道题，而从来没有一个人做了第二道题！"

"第二道题？怎么可能会有第二道题？这不是明摆着的问题吗？谈一谈你对责任的理解！"很多面试者更感到丈二和尚摸不着头脑了！

"你们看见躺在门口的那个笤帚了吗？相信很多人都看见了，但是有的人选择跨过去，有的人直接把它踢在一边，却没有一个人把它扶起来。其实，对责任的深刻理解远不如做一件体现责任心的小事更能体现出你的责任感。"招聘经理说。

对于企业来说，最重要的客户是员工，最核心的竞争力便是员工的责任心。很多优秀企业的老板在员工的能力和责任两个选项中，优先选择了员工的责任。因为他们深知：千金易得，拥有责任心的人才难得。

对企业来说如此，其实对处在职场中的员工亦是如此。罗佐夫说："人在履行职责中得到幸福。"对于一个有责任心的员工而言，他们深知负责是最好的敬业，始终如一地将责任视为自己与生俱来的使命，将责任心融入工作，在认真负责、竭尽全力地做好自己应该做的事的同时，以老板的心态去思考，多一些方法，少一些借口，勇于创新，他们坚信对公司、工作负责就是对自己负责，最终他们让自己有更多的机会接受挑战，脱颖而出，迈向成功。

本书主要从员工的角度出发，以责任为根基，从作为一名员工最基本的、应有的态度开始，把职业当成自己的事业来做，认识到态度的力量，树立起正确、端正的态度，从而让自己的工作态度来决定自己的职业高度；时刻抱有一颗"责任之心"，不为失败找借口，只为成功找方法，尽职尽责地做好本职工作；认真对待自己的工作，绝不做"差不多"员工，潜心蛰伏以厚积薄发来展现自己的实力；完美执行，将执行力贯彻到位，最终让自己取得事半功倍的效果；打破常规，跳出自我局限，以高效的创新力为企业带来无穷的效益等九个方面详细展开来论述。本书不仅观点新颖透彻，案例生动活泼，而且还有一些行之有效的具体方法，操作性极强，对广大读者具有较强的指导作用。

希望广大读者通过阅读本书，能够掌握其中的精髓，进而努力修炼好自己的能力，使自己实现最初的梦想，逐步走向卓越，成为最受企业及老板欢迎的员工。

俗话说："机会总是留给有准备的人。"当你带着责任心去工作时，你注定会在职场上发出金子般耀眼的光辉。不信，你就试试！

目录

第一章 负责，把职业当成自己的事业 //1

工作是为了你自己 //3

把工作当成事业去做 //7

多做一点，少说一点 //10

全力以赴做好每项工作 //14

让自己不可替代 //16

第二章 负责，请站在老板的角度去工作 //21

以老板的心态去工作 //23

一切以公司的利益为重 //26

请给老板结果 //29

绝对忠诚于自己的公司 //34

正确处理好团队的关系 //37

超越老板对你的期待 //40

第三章

负责，态度比能力更重要 //43

改变命运从改变态度开始 //45

你的职业高度由你的工作态度决定 //48

态度比能力更重要 //53

没有干不好的工作，只有不好好工作的人 //57

内心强大才能激发你的潜力 //61

第四章

负责，是最好的敬业 //65

精益求精，只为把工作做完美 //67

对工作负责，就是对自己负责 //71

负责，是最好的敬业 //75

时刻让自己拥有一颗"责任之心" //78

勇于承担自己的责任 //81

不为失败找借口，只为成功找方法 //85

第五章

负责，让你的认真有价值 //91

老板喜欢认真的员工 //93

认真的员工可以为企业创造更多价值 //96

绝不做"差不多"员工 //100

不能埋头，怎能出头 //103

智商≠能力，认真胜于能力 //106

认真做事，让你的能力急速飙升 //109

第六章　负责，让执行到位 //113

有了想法，就要立即执行 //115

执行最忌讳只做表面功夫 //119

敷衍地执行，不如不执行 //122

执行，没有借口 //126

执行力是高效工作的保证 //130

执行到位，能让你事半功倍 //134

第七章　负责，就是把细节做到极致 //139

小事成就大事，细节成就完美 //141

细节不到位，绝对干不出色 //145

不放过任何一个小问题 //149

1%的错误可能导致100%的失败 //153

细节之处见差距 //156

成功藏于琐碎的工作中 //159

第八章

负责，让创新产生效益 //165

创新是员工不可推卸的责任 //167

末流员工故步自封，一流员工积极创新 //169

创新型员工能为企业带来无穷的效益 //173

打破常规，跳出自我的局限 //177

敢于有不同的想法 //180

培养你的创新能力 //183

第九章

负责，请带着正能量去工作 //187

迸发激情，让它点燃你的工作前途 //189

卓越的员工从不抱怨 //193

要想达到百分百，就要努力做到最好 //197

勇于挑战"不可能"的任务 //201

机遇总是青睐认真努力的人 //205

荣誉永远属于对工作永不满足的人 //208

第一章
负责，把职业当成自己的事业

如果只把工作当成一件差事，或者只将目光停留在工作本身，那么即使是从事你最喜欢的工作，你依然无法持久地保持对工作的激情。但如果把工作当成一项事业来看待，那么情况就会完全不同。

——美国微软公司联合创始人　比尔·盖茨

工作是为了你自己

在日常的工作中，我们经常能听到这样的话：

"我不过是在为老板打工罢了！"

"怎么又扣了那么多钱呀？我只不过迟到了几次而已！"

"凭什么给我加那么多的任务量，一个月才给我这么一点钱。"

"公司的事情，你干吗那么拼命呀？差不多就行了，多操心操心自己的事情吧！"

……

从以上的抱怨中，我们不难看出，这些人都抱着一种"为老板打工"的心理，他们认为自己和老板只是简单的雇佣关系，老板花钱，我来办事，做多做少、做好做坏、认不认真，和自己没有太大的利害关系。其实这些人都属于"混日子"的员工。

殊不知，负责任的员工从来都不混日子，因为他们舍不得浪费这大好的时光。让我们先来看一看360董事长周鸿祎给混日子的人的职场忠告吧！

　　我自己当年，无论在方正给国家打工，还是在雅虎给外国人打工，我跟别人最大的不同就是我从来不觉得我在给他们打工，我认为自己是一个自信的人，我觉得我在为自己干。干任何一件事，我都会先考虑自己通过这件事能学到什么。因为学到的东西是别人剥夺不走的，客观上还会给公司创造价值。

　　一件事交给我，我应付一下，这很容易。但应付完了之后，你不觉得这是在浪费生命吗？一件事，你做到60分，可以做得很轻松，做完了重复每天干3个小时的活就完了，那你怎么进步呢？人的进步是在离开学校之后，学习不再是上课也不是读书，而是通过做事情、做项目来积累自己的经验，跟很多人打交道。因为我有不服输的性格，再普通的事我都要做得比别人好，大家做得很普通，我要做得跟大家不一样，要做到超出大家的想象，这要花很多时间、很多努力，但最后我发现我的收获是最大的，因为我下了功夫，你的收获和你的投入是成正比的。

　　如果你在混日子，对不起，实际上你是在混自己，在公司混的人很多，你能黑老板多少钱？你一年年薪10万元，在单位混10年也就混老板100万元，对很多公司来说，有人混我100万元，对我来说伤害不到哪里去，可是你10年不好好工作就荒废了自己10年的时间。10年后，公司可能突然有一天就倒闭了，或者老板发现你在混日子，就把你开除了，你怎么办呢？你觉得自己有竞争力吗？除非你有一个好爸爸，但这个不在咱们的考虑之列。

　　只要你是白手起家，你会发现这个社会会越来越公平。我认为机会还是很多的，你不要天天愤青般地去骂别人，你看丁磊、马化腾、李彦宏都是平民百姓，他们在这个行业能成功，说明什么？说明只要你努力你就有机会成功。我们不提李彦宏，不提大佬们，实际上，参与这件事的很多员工也很成功，有很多人在北京买车买房有成就感，靠什么？就是靠你能力的积累。

对我们来说，工作是我们生命中很重要的部分，因为我们每天有三分之一的时间都要放在工作上。一个人每天在工作中投入的精力决定着他的人生品质。好好工作不仅能够帮我们赚到养家糊口的薪水，还能为我们提供个人成长和施展才华的舞台；不仅丰富了我们的经验，提升了我们的能力，还能为我们下一步的发展创造更多的机遇。工作是我们实现梦想的途径。只有你认真地去工作，你就能积极主动，自动自发地去努力，就能把工作当成安身立命之本。

美国前国务卿科林·卢瑟·鲍威尔在自己的回忆录中写道："工作是为了自己，只要你永远认真负责地去对待自己所从事的工作，并把每一件事情做好，你就一定会有所成就。"

每个人的未来都是由自己创造的，但是每个人最终所成为的人不同的原因在于，你是在混日子，为每个月的薪水工作，还是在为你自己、为你的未来工作。

一匹马和一头驴听说唐僧需要一匹坐骑陪他一起去西天取经。

驴想着西天之路太过漫长，而且它觉得此行路上必定困难重重。于是，它没有去应征。然而，马却想去看看外面的世界，增加自己的见闻，它二话不说便立刻追随唐僧而去。

在经历了九九八十一难后，马随着唐僧取回了真经，荣归故里。

驴问马："兄弟，这一路上，你是不是很辛苦啊？"

马回答："嗯，虽然一路上辛苦，但是每天我都陪着唐僧向西走，这让我见识了很多，也收获了很多。其实在我去西天的这段时间，你走的路一点也不比我少，而且你还被蒙住眼睛，被人抽打。对我来说，这样混日子更累。"

就像故事中的马一样，卓越的员工清楚地知道自己的目标、方向，最终它和唐僧一起收获了自己的成功，增长了见识，获得了能力的提升。而驴虽然做的事情不一定比马少，但它却是碌碌无为地辛苦了大半辈子。

是呀，真正的累，来自于内心的无知与迷茫。很多人混日子久了，结果自己被日子混了。时间都是一样过，不同的态度，结果就会完全不同。今天在职场上混日子的人，混的是自己的时间，混的是自己的未来，混的是自己的前程。

要知道，你今天所做的一切都是为明天埋下的伏笔。所以，不要为今天的所作所为感到无所谓，我们应该为自己的未来掌舵，而不是随波逐流，在工作时要认真做好，为以后的成功积聚力量。人生没有重来的机会，但可以努力让未来过得更好。

把工作当成事业去做

有些人喜欢狭隘地定义事业，认为只有创业当老板才算得上是在经营事业。他们都只是单纯地把工作当成一种谋生的手段，于是他们缺乏对工作的热情，有的只是对工作感到无奈、艰辛和乏味。久而久之，他们开始对工作逃避进取、敷衍塞责，最后慢慢地模糊了自己的梦想，成为一个碌碌无为、满腹牢骚的平庸之辈。

盛夏的一天，一群工人正在铁路的路基上工作。这时，一列缓缓开来的火车打断了他们的工作。

火车停了下来，一节特制且带有空调的车厢里下来一个人，这人友好地与这群工人的主管大卫·安德森打招呼："大卫，是你吗？"大卫·安德森回答说："是我，吉姆，见到你真高兴。"于是，大卫·安德森和这个叫吉姆的人进行了愉快的交谈。在长达一个多小时的愉快交谈之后，两人热情地握手道别。

下属们就问大卫·安德森："刚才那个人是谁啊？"大卫·安德森

说："墨菲铁路公司的总裁吉姆·墨菲！"下属们对于他是墨菲铁路公司总裁的朋友这一点感到非常震惊。他们好奇地问道："你怎么跟他也认识，而且看上去你们好像很熟？"大卫·安德森解释说："二十多年前我和吉姆·墨菲是在同一天开始为这条铁路工作的。"

其中一个下属半开玩笑地问大卫·安德森："为什么你现在仍在骄阳下工作，而吉姆·墨菲却成了总裁呢？"

大卫·安德森非常惆怅地说："二十年前，我是为这份高薪水的差事而工作，而吉姆·墨菲却是为了铁路事业而工作的。"

大卫·安德森的话引人深思。同样的人，同一天入职，做同样的工作，不同的是：一个将工作当成差事，一个将工作当成事业。而当一个人把工作当成每天必须做的事，就会觉得工作是一件无奈又无趣的事；当把工作当成一项事业来做，把自己的职业生涯与工作联系起来，就会觉得所从事的是一份有价值、有意义的工作，并且从中可以体会到使命感和成就感，从而彻底改变浑浑噩噩的工作态度。

所以，我们不仅要把工作当成一种职业，更要试着把它当成一种事业来做。要知道，把工作当成事业，就没有干不好的工作。试着将工作当成自己的事业，这样你会发现自己会因此而迸发出无尽的热情与活力，你的潜能也会得到最大限度的发挥。

你会去认真地做好每项任务，让自己的业绩得以不断攀升，从不断地进步和超越自我中获得心灵上的满足，这又会鼓励你更加努力、用心地去工作，让自己在平凡的工作中取得更大的突破。其实，无论从事什么职业，我们的心态很重要。把工作当成自己的事业来做就是最好的心态，它会促使你不断取得成功。

在一个小镇上，路人问三个石匠在做什么。

第一个石匠叹了口气，说："我每天都在枯燥乏味地搬石头砌墙。"

第二个石匠神色凝重地说："我的工作很重要，我得把墙垒好，这样房子才结实牢固，住起来才舒适安全。"

第三个石匠则目光炯炯，自豪地说："我的责任十分重大，这是镇上的第一所教堂，我要将它建成百年的标志性建筑物。"

10年后，第一个石匠仍在另一个工地上砌墙。第二个石匠却坐在办公室里画着图纸，他成了工程师。第三个石匠则穿梭于全国各大城市，他成了国内有名的建筑师。

不论你现在所从事的是怎样一种工作，你都应当以一种职业人的精神去对待，将它当成自己的事业来经营。世界首富、微软创始人比尔·盖茨曾说过："如果只把工作当成一件差事，或者只将目光停留在工作本身，那么即使是从事你最喜欢的工作，你依然无法持久地保持对工作的激情。但如果把工作当成一项事业来看待，那么情况就会完全不同。"

工作就是生活的中心。对于工作要是没有兴趣，或是让找工作、谋职业不过是为了糊口、混日子的想法占据你的内心，那么你每天的生活便会过得索然乏味。只有把工作视为事业，执着地力求完美，那么你才能在工作中发掘到生活的乐趣。可能你的周围存在着许许多多的困难，但是只要你肯努力地奋发进取，收获终会到来。

多做一点，少说一点

英国的一项心理学研究显示，90%的人都是"语言的巨人，行动的矮子"。印度著名诗人泰戈尔说："仅仅站在那儿望着大海，你是没法横渡它的。"也就是说，即使你的计划再完美，也需要你脚踏实地地执行。

在日常工作中，我们不难发现身边不乏这样的同事，他们特别喜欢侃侃而谈，思路敏捷，他们总是能够描绘出美好的前景，以获得他人的信任，并且可能获得领导的重视，但是，一到需要付诸实践，就开始左右推脱，不肯脚踏实地去做事情，从而使得愿景无法真正执行下去，时间一长，他便逐渐失去了别人的信任，失去了发展的机会，最终无法成功，无法实现自己的人生目标。

有一天，一个有两个儿子的父亲对大儿子说："儿啊，你今天到我的葡萄园去工作吧！"

"我不去，我不想工作。"老大回答说。

老大拒绝听父亲的话，就走开了。过了一会儿，他坐下来想了想，就开始懊悔自己的行为。他想："我错了，我不该违背父亲。我虽然嘴上说不去，可是我觉得自己还是应该到葡萄园去工作。"

他立刻起身到葡萄园去，使劲地工作，以此来弥补他的过失。

这时，父亲又去找小儿子，对他说了同样的话："儿啊！你今天到我的葡萄园去工作吧！"

小儿子满口答应道："我去，父亲。我这就去。"

可是，过了一会儿，小儿子想："我是说过我去，可是现在我并不想去！你以为我会在父亲的葡萄园里工作吗？才不呢！"

过了几个小时，父亲到葡萄园里一看，发现老大在葡萄园里努力地工作，却不见小儿子的踪影。结果是小儿子不守信用，违背了诺言。

父亲的两个儿子，哪一个是照父亲的意思做了呢？当然是到葡萄园工作的那个大儿子。

这个故事告诉我们：行胜于言，只有采取积极有效的行动，才能实现人生的目标。

当你在夸夸其谈时，不但会分散你的精力，还会延缓你的行动，因为你的注意力只集中在怎么去炫耀自己的才能，怎么能得到更多的关注、更多的掌声、更多的认同。古语有云："言多必失。"在没有经过充分思考的情况下，你一激动就会说出一些不切实际的话，这就为自己的失败埋下了伏笔。

爱因斯坦曾经说过一个成功的秘诀公式：$W = X + Y + Z$，W代表成功，X代表勤奋工作，Y代表正确方法，Z代表少说废话。可见，在伟大的人物那里，成功无捷径，要成功就要脚踏实地，而不是站在原地只说不做。

即使你有一千个想法，如果没有行动，那么一切都是零。很多人都想取得成功，但是，失败于光说不练，或者光说不做，或者光想不做。可见，空想无济于事，必须要有实际付出的行动。成功始于心动，而成于行动。

所以，更睿智地证明自己能力的处事方法就是"少说多做"，用行动来证明自己的实力。这样你就不需要在别人面前说更多的话，你可以把大量的时间花在认真做事情和思考上，如此也能用更多的精力把事情做得更好、更完美一些。

有一个年轻人，三年前来到一个陌生的城市。当时他们正在建发电厂，包工队的老板雇他当他们的送水员，而在两周之后，他就当上了计时员。

有一天晚上，老板看到他把几米长的红色法兰绒布撕开，然后包在日光灯上。他十分抱歉地对老板说他们没足够的资金购买新的设备来替换那些旧的。他的全部回答就只有这么多，因为他向来不喜欢多说一句无益的话，只是默默地工作着，并且把事情做到最好。

他是早上第一个来上班，晚上最后一个离开的员工。他在水电厂里勤勤恳恳地工作了一年。当包工队要走的时候，他已经成了包工队老板的助理。每次，包工队的老板要去外地开会的时候，总会把所有的权力下放到他身上。没有正式的合同，他就自然而然地接替了老板的所有工作。

不久之后，包工队又在另一座城市找到了一项工程。包工队的老板在去那个城市指挥工作之前，把这里的一切事务交给了这个年轻人全权处理。

最后，当电站工程完全竣工，发电厂开始正常发电运行时，当地政府把这个能干的年轻人留了下来，让他来管理这个电站。

包工队的老板说什么也不肯放人，而政府则下定决心要聘用他。尽管他自己也认为应该跟随当初收留他的包工队，但政府用1000美元的股票作为薪金最终把他留了下来。

他很少说话，却特别专注于自己的工作。他从不掺和企业的任何纷争，只是一心一意地把水电厂管理得很好，他还经常鼓励大家学习和运用新知识。他常草拟计划、画草图，向大家提出各种好的建议。只要你给他一定的时间，他一定能把一切你希望他做到的事做到最好。

行胜于言。誓言再动听，没有履行也只是一句空话；计划再完美，没有执行，也只是一张废纸。说得好不如做得好，只有说到做到的人，才是值得信赖的能手，才是能够成就事业的强人。而且，在团队合作中，如果每个员工都能做到少说多做，那么整个团队就是一个精英团队、一个无坚不摧的战斗团队。

全力以赴做好每项工作

茅盾在《谨严第一》中说："狮子搏兔，亦用全力——这一句成语，最足以说明艺术巨匠们之无往而不谨严，丝毫不肯随便。"其实何止是艺术，在工作中也要有这样的态度，对每项工作都要全力对待。

一位年轻的修女进入修道院以后一直在从事织挂毯这项工作。做了几个星期之后，有一天她拂袖而去。"我再也做不下去了！"她叹道，"给我的指示简直不知所云，我一直在用鲜黄色的丝线编织，却突然又要我打结，把线剪断，完全没有道理，真是浪费。"在一旁织毯的老修女说："孩子，你的工作并没有浪费，其实你织出的很小一部分是非常重要的一部分。"

老修女带她走到工作室里摊开的挂毯面前，年轻的修女看呆了。原来她编织的是一幅美丽的三王来朝图，黄线织出的那一部分是圣婴头上的光环。

伟大的事业，往往不是靠一人之力完成的，而是需要集众人之力，团结合作才能够完成。在一个伟大的事业中，看起来普通而又重复的工作，却是整个事业的基础部分。基础不牢，任何事业都难以成功。今天看起来不起眼的工作，却关系到全局的成败。

对于一个负责任的人来说，没有什么工作是微不足道，可以马虎处理的。每项工作都有它的意义，只要你沉下心来全力以赴地认真对待它，就一定会有新的收获。

波尔现在是一家建筑公司的副总经理。几年前，他是作为一名送水工被公司招聘进来的。

在送水的过程中，他并不像其他的送水工那样，一把水桶搬进屋里便开始抱怨工资太少，然后躲在墙角里抽烟。每次，他都给每个工人的水壶里倒满水，并利用他们的休息时间，缠着让他们讲解关于建筑的各项知识。很快，这个勤奋好学的人引起了建筑队队长的注意。不久，他便被提拔为材料管理员。

当上材料管理员的波尔依然勤勤恳恳地工作，全心全意地对待工作中的每件事，而且也从来没有放松过自己的学习。没过多久，他就已经对所有的建筑工作非常熟悉了。这一切都被细心的负责人看在眼里，他决定让这个勤恳又能干的年轻人做自己的助理。就这样，波尔通过勤奋地工作抓住了一次次的机会，用了短短几年时间，便当上了这家建筑公司的副总经理。

成了公司副总的波尔依然坚持自己全力以赴做好每件事的工作作风。他还经常在工作中鼓励大家这样做。在波尔的领导下，公司的员工变得越来越优秀；在全体员工的努力下，公司在整个行业内也越来越有名气。

当你全力以赴地去做好每项工作时，你会将它们视作一个机会，一个增加见识、提升能力的机会，从而不放松并认真地对待它们。你会发现，职场之中自己已是无往不胜的战士，一定会到达光明的彼岸。

让自己不可替代

"不可替代"是指没有人可以替代你的位置。在职场中，每个人都希望自己能成为企业中不可替代的员工，这样即便出现什么问题，如公司出现资金紧张需要裁员，也不可能把自己裁掉。

然而，在这个竞争激烈的社会，一个人要做到不可替代的确很难。一个人要想在职场中变得无可替代，那么你就必须让老板和企业都离不开你，换句话说，你必须让自己做到足够专业，让自己拥有别人拿不走的东西，并不断地强化它。当你有一身真本事，并能为老板解决真正棘手的问题，为企业带来价值，你才能在这个危机四伏的时代大潮中站稳脚跟，保住生存的机会。

一家星级大饭店里有一个很不起眼的小杂工。平时所做的不过是一些洗菜、择菜、切菜的零散工作，偶尔在繁忙时还要去帮忙端盘子、上菜。

就是这么一个小杂工，居然有一手做苹果甜点的绝活。虽然这是个不起眼的小配菜，却深得一位很有地位的贵妇的赏识，为了吃到这个小杂工做的甜点，她甚至愿意在这个大饭店里专门租下一间客房，每年过来住一个多月的时间，目的只是为了吃这里的苹果甜点。

后来，这家饭店遭遇了金融风暴的侵袭，生意越来越不景气了，很多员工都因此被辞退了，其中不乏一些大厨级的人物，但一批批的人都走了，这个会做苹果甜点的小杂工却被留了下来。究其原因当然是他用自己独特的手艺留住了一位常年在饭店消费的贵宾。

这个小杂工因为自己拥有独一无二、不可替代的独特手艺而免去了被辞退的可能。是的，员工的价值就在于他的专业技能的含金量，含金量越高的员工，其不可替代的程度就越高。

西班牙著名的智者巴尔塔沙在其《智慧书》中告诫人们："在生活和工作中要不断完善自己，使自己变得不可替代。让别人离了你就无法正常运转，这样你的地位就会大大地被提升。"然而，现在很多刚毕业的年轻人总是眼高手低、好高骛远，总觉得自己特别厉害而不愿意认真地做好每一件烦琐的、基础的小事，整天自以为是，最后的结局只会是直接被替代掉，被淘汰出局。

让我们先来看一下一个年轻女孩的故事吧。

一位成功学家聘用了一名年轻女孩当助手，替他拆阅、分类信件，薪水与相关工作的人员相同。有一天，这位成功学家口述了一句格言，要求她用打字机记录下来："请记住：你唯一的限制就是你自己脑海中所设立的那个限制。"

她将打好的文件交给成功学家，并且有所感悟地说："您的格言令我大受启发，对我的人生很有帮助。"

这件事并未引起成功学家的注意，但是在女孩心目中却烙上了深刻的印象。从那天开始，女孩在晚饭后回到办公室继续工作，不计报酬地干一些并非自己分内的工作，譬如替成功学家给读者回信。

她认真研究了成功学家的语言风格，以至于这些回信能和成功学家写的回信一样好，有时甚至更好。她一直坚持这样做，并不在意成功学家是否注意到自己的努力。终于有一天，成功学家的秘书因故辞职，在挑选合适人选时，成功学家自然而然地想到了这个女孩。

在没有得到这个职位之前已经身在其位了，这正是女孩获得秘书这个职位最重要的原因。当下班铃声响起之后，她依然坐在自己的岗位上，在没有任何报酬承诺的情况下，依然刻苦训练，最终使自己有资格接受这个职位。

故事到这里并没有结束。这位年轻的女孩如此优秀，引起了更多人的关注，其他公司纷纷提供更好的职位邀请她加盟。为了挽留她，成功学家多次提高她的薪水，与最初当一名普通的拆件员时相比已经高出了四倍。对此，做女孩的老板也无可奈何，因为她在不断地提升自我价值，使自己变得不可替代了。

职场如战场。任何机会是不会留给连小事都不愿意做的人的。俗话说："三百六十行，行行出状元。"每个人都能在自己的岗位上从平凡做到优秀，从优秀做到卓越、做到不可替代。

那么，我们如何能做到让自己不可替代呢？

1. 丰富自己的专业知识，让自己能胜任工作岗位

在我们的日常工作中，要想在人才济济的职场中脱颖而出，那么就必须丰富自己的专业知识，让自己能胜任工作岗位。很多员工不能适应本职工作，是因为他所具备的知识和技能与工作要求不相符，解决办法就是：在本职工作中丰富自己的知识，提高自己的工作技能。这要求每名员工除了要有坚强的毅力外，还要掌握科学的方法并具备足够的自信心。

2. 懂得扬长避短

我们要想在职场上取得成功，必须学会扬长避短，把注意力集中在自己的优势上，发现、开发、经营和发展自己的优势。只要在自己所擅长的领域里做到卓越，就是非常成功的自我经营者了。世界上最让人痛苦和无奈的事情，莫过于用自己的劣势去与别人的优势做比较。那就如同用鸡蛋去碰石头，结果可想而知。

一个人能否成功，就看他是否能最大限度地发挥自己的优势。因此，只有经营好自己的优势，才能打造出真正的核心竞争力，才会取得成功。

3. 发挥自己的潜力，为企业创造更大的价值

老板都希望自己的员工能为自己创造更多的价值。当一个员工的潜力无限时，那么哪个老板舍得裁掉这么优秀的员工呢？所以应最大限度地发挥自己的潜力，奠定自己业务骨干的地位，为今后的发展打下坚实的基础，从而让自己变得"不可替代"。

第二章
负责，请站在老板的角度去工作

无论你在哪里工作，都别把自己只当作员工，应该把公司看作是自己开的一样。

——英特尔前总裁　安迪·葛洛夫

以老板的心态去工作

让我们换个角度来思考一下这个问题：如果你是公司的老板，你会雇佣现在的自己吗？如果你犹豫了，那请从今天开始试着换个老板的心态去工作。

那么，什么是老板的心态呢？老板心态不是当老板才有的心态，它不是老板的专利。所谓的老板心态指的是一种使命感、责任感、事业心，指的是一种从大处着眼、小处着手的工作精神。当带着这样的心态去工作时，你会发现自己之前的眼光有多么狭隘，同时你的变化有多么显著：对于老板交代的工作，你会尽职尽责地做好；对公司有利的工作，你会积极主动地用心做好；你会努力学习，勤奋刻苦，只为能更好地为公司分忧解难。你抛开了一切借口，全身心地融入公司，为公司投入自己的忠诚和责任。

接下来，让我们来看一看阿里版"杜拉拉"童文红的故事吧，看看她是如何用自己的实际行动诠释用老板的心态去工作的！

童文红，阿里巴巴集团首席人力官（CPO）、菜鸟网络董事长。2014年阿里上市时，童文红成为阿里首批27位合伙人之一，同时也是马云背后9位亿万富豪级的女性合伙人之一。

现任菜鸟首席运营官、资深副总裁的童文红被称为阿里"最励志"的合伙人。因为最初童文红进入阿里巴巴时，她已经30岁了，不懂专业、没有背景的童文红在此之前做了7年的物资贸易。其实，她进入阿里工作也并非一帆风顺，第一次面试失败，第二次面试被安排做前台接待，而她当时面试的是行政助理。

童文红并没有就此气馁，她觉得只要带着老板的思维去工作，不断努力奋斗，即使是平凡的岗位上，也能实现自己的价值。在前台的这个岗位上，她认真负责，细致入微，边学边干，获得了领导和同事的一致好评。童文红后来陆续担任了集团客服、人力资源等部门的管理工作，一路升至阿里巴巴集团副总裁。

童文红曾这样说道："作为一个员工，你习惯跳槽，你一进公司就谈利益，你一天到晚都想着几点下班，什么时候放假，作为初出茅庐者，你知道老板是怎么想你的吗？很多时候，如果你想让老板赏识你，最好能以老板的思维打工……如果一个员工的思想不对，那么这个员工学历再高，能力再强，也不可能成为一个好员工。看一个员工是否有好思想，最重要的一点就是看他是否能站在企业的角度、老板角度思考问题。"

童文红这样说的，也是这样实践的。在老板心态的指导下，她在工作中认真负责、边学边干、积累经验。在她拿到"五年陈"戒指时，她曾动容地说道："在阿里巴巴的5年让我学到了很多东西，这会让我终身受益……"

是的，当你有了老板心态，你就会像童文红一样成为一个值得信赖的人，一个老板乐于接受的人，从而也是一个可托大事的人。英特尔前总裁安迪·葛洛夫就曾在一次演讲中说过："无论你在哪里工作，都别把自己只当作员工，应该把公司看作是自己开的一样。"

曾有人对IBM进行过研究，发现了这么一个现象：

进入IBM之后，每一个员工都会主动或被动地树立起一个观念，那就是——我就是企业的主人。那么，这种观念带来了什么结果呢？在这种思想的激励下，IBM公司的员工比别的员工有更高的积极性、主动性。并且，他们始终能够保持与管理者的紧密沟通，积极为企业发展献智献策。在工作中，他们也能够始终保持激情，深度思考、积极行动，并能够对自己、对自己的工作成果提出更高的标准与要求，也因此，他们很快就能适应IBM这个大公司的发展。

是的，公司不光是老板的，也是你的。我们不是局外人，公司的事业并非局外事。因为你和老板身处同一艘船上，一荣俱荣，一损俱损。当我们有了这样的心态时，我们才能像老板一样思考，像老板一样做事。我们才愿意全力以赴帮助公司创造更多的价值，而这才是真正的主人翁该有的心态。而当我们抱着这样的心态时，机会和成功才会青睐我们！

一切以公司的利益为重

"保护公司的利益" "一切以公司的利益为重"。我想这应该是所有老板眼中好员工的形象吧。如果一家公司的员工能在任何时候、任何一件微不足道的小事上都能够想得非常周到，维护公司的形象，那么可想而知，这个公司会有多么辉煌的业绩。

一个公司是由众多的员工组成的，员工的形象就代表着企业的形象，员工的一举一动，无不影响着大家对企业形象的看法。特别是在客户的眼里，一个好的企业形象是多么重要。员工给客户的感觉，就是企业给客户的感觉。而一个员工如果不懂得维护企业形象，保护企业利益，肯定不是一名负责任的好员工。

一个叫约翰的年轻人幸运地被美国某著名电器公司录用了。他庆幸自己能进入这样一家大公司工作，因而工作起来十分卖力。

很快，约翰凭借着自己出众的个人才华被提拔为技术部经理。公司的高层此时已经开始注意到这个年轻人，他们甚至打算再考察一段时间，就将约翰调到国外的分公司去担任CEO，因为那些分公司需要像约翰这样善于公关、技术过硬的年轻人来开拓市场。

有一次，一位日本客户请约翰吃饭。席间，日本客户说："最近我公司和贵公司正在谈一个合作项目，如果你能把手头的技术资料提供给我一份，这将使我们公司在谈判中占据主动。"

"什么？你想让我泄露公司的机密？不可能。"约翰连声反对道。

日本商人压低声音道："这事只有你知我知，没有第三个人知道的。放心吧。"说着，就将一张15万美元的支票递给了他。

约翰心动了，在金钱面前，他违背了自己的良心。

在几天后的谈判中，这家电器公司因走漏了商业数据而陷入一种极其被动的局面，从而遭受了巨大的损失。事后，公司查明了真相，立即辞退了约翰，并向法院对他提起了诉讼。

一个员工是否优秀固然与其能力相关，但再有能力的员工，若不以公司利益为重就不能算是一名好员工，这样的员工显然是不忠诚的，是不受企业欢迎的员工。实际上，如果一个员工不忠诚，能力越强，他给企业带来的危害也就越大，就像上面故事中的约翰一样。

作为公司中的一员，每个员工都必须具有职业道德，这也是一种责任的体现。

因为公司的利益其实也是个人的利益，公司的利益与个人的利益是一致的，没有公司的利益就没有个人的利益。如果只图个人的利益而损害公司的利益，那么个人的利益也是不会长久的。换句话说，维护公司的利益就等于维护自己的利益。无论何人，也无论何时都应遵循这一原则——把公司的利益放在第一位并付诸行动。

而且在平时想问题、做事情时，我们也一定要把公司的整体利益摆在首位，不能为个人利益或少部分人的利益而去伤害公司的利益和形象。现代企业都在倡导团队合作精神，团队合作是建立在公司整体利益基础上的。不谋全局者不足以谋一域。要想成长进步、加快发展，就一定要有公司利益至上的观念。

张良是一家创业小公司的普通职员，他的工作十分简单，负责收发和传送文件。由于公司小，而且生产出来的产品卖得不是很好，所以公司的资金遇到了一定的问题，很多员工的工资有时候都会拖个一两天再发，对此他们都表示出了不满。

所以，当公司里出现一些突发的事情时，其他员工总是推三阻四，不愿去做，而张良却认为公司困难只是暂时的，于是，他便更加努力地去工作。公司里无论有什么活，他总是能够像一个候补队员一样，及时补上去。因为他愿意多做事，从来不叫苦叫累，还能将事情完成得很好，所以公司给他指派的任务也越来越多。有些本来不在他的工作范围内的事，大家也常常会派给他去做。

有些同事开始笑他，在这个小的破创业公司这么拼命干吗？干那么多事也不会早发一天薪水，更别提加薪了。就在很多同事都在心猿意马地干着活，背地里却开始找下一个东家时，张良却认认真真地干着诸多的杂事，他认为这是一个很好的学习机会，能够让自己得到更多的锻炼。至于薪水，毕竟现在公司困难，有也好，没有也罢，自己还年轻，积累经验最重要，而且他也相信公司会越来越好。

后来，老板注意到了他，对他的工作表现十分欣赏。没多久，张良接手的工作越来越多，也渐渐做一些更为重要的工作。当公司需要派人去拜访重要客户或是参加重要谈判时，他总是老板的第一人选。

终于，在一次展销会上，几个投资商看中了公司的产品，纷纷决定入股投资。公司开始不断地发展壮大起来。

后来，公司还成功上市了，而张良则是以董事会秘书的身份作为公司的一个重要的元老级员工，老板还给了他一定的公司股份。

要做到一切以公司利益至上，把公司的利益放在第一位，还需要我们尽职尽责、忠于职守、认真负责、全心全意、善始善终、一丝不苟地去做好自己的本职工作。其实，这就形成了我们"责任心"的核心内容。只有以责任心做指导，才能让自己不断地前行，不断地进步。

请给老板结果

在工作中，每个人会不可避免地会遇到很多问题。那么，在遇到问题时，通常你会怎么办呢？把问题推给别人？请教同事，让同事帮忙解决？

还是直接把问题推给领导或是老板呢？

　　这里，我想先问大家一个问题，老板花钱请你来干什么的？如果你是老板，你请了一个人来，他帮你干了一些杂七杂八的事情，结果最终他把一堆的问题都放到你的桌子上，等着你去解决，他自己则安心地下班走了，试问，你的心情会如何？我想你一定会直接将问题甩回去，并对他说："你被解雇了！"

　　是的，老板请你来是解决问题的，而不是给他制造问题的。老板要的结果，而不是更多的问题或者过程。所以，如果你是一名敬业、负责任的员工，就应当认清自己的工作使命，做公司发展需要的事，把问题留给自己，把结果带给老板。

　　美国总统杜鲁门上任后，在自己的办公桌上摆了个牌子，上面写着"Book of stop here."翻译成中文就是："问题到此为止。"其大意为："这是你的问题，你就得让自己负起责任来，而不要把问题丢给别人。"当你把"问题到此为止"这几个字摆在心里时，问题来了，你便不会惧怕，你会想尽方法去解决。要知道，世上无难事，只怕有心人。

　　可口可乐公司曾想去一个新的地方开辟市场，那是一个十分偏僻的地方，在很多人看来，公司生产的产品要在那里打开销路是十分困难的。公司管理者曾经三次把这个任务交给过公司里的职员，但是都被他们推托掉了，因为这些人一致认为那个地方没有市场，接受这个任务的最终结果将是一场徒劳。

　　最后，他们把这个任务分派给了普尔顿。普尔顿是可口可乐公司的一位年轻人，他在得到上司的指示后什么也没有问，只是带着公司产品的一些样品出发了。

3个月后，普尔顿回到了公司，他带回的消息是那里有着巨大的市场。其实，在普尔顿出发之前，他也认定公司的产品在那里没有销路。但是，由于他的服从意识，他依然选择前往，并用尽全力去开拓市场，最终取得了成功。

注重结果的员工在问题出现时会勇于面对，主动承担，努力寻找解决问题的办法，让问题止于自己。普尔顿就是这样一个人，在接受任务时，他知道有一堆的困难和问题，但是他没有急于把它们推出去，而是沉下心来认清问题，并找到解决它的办法。

当然，也有很多人会抱怨道："我辛辛苦苦为老板干了这么多年，没有获得提升，也没有得到奖金，就算没有功劳也有苦劳啊！"也有一些人认为一项工作，只要做了，不管有没有结果，就应该算他们做出了成绩。

要知道，在企业中最受重视的员工，并不是那些只知道埋头苦干的员工，而是那些出成果、重成效的员工，只有他们才最有发展前途。企业里最重视的是你的"功"，而不是你的"苦"。作为一名员工，你要追求的不是"苦劳"，而是"功劳"。

著名的IT企业联想集团有这样一个理念："不重过程重结果，不重苦劳重功劳。"这个理念是在公司成立半年后提出来的。当时，联想刚刚创业，大家都有为工作拼命的干劲和热情，但光有干劲和热情，并不能保证财富的增加和事业的成功。公司资金并不多，如果没用好，出了问题，甚至可能导致夭折、破产！所以，公司不再强调服从、勤奋、辛苦、忙碌，而是强调货真价实的绩效，强调解决真正的问题。正是在这种理念的感召下，仅仅二十年间，这家不知名的小公司就成长为国内外知名的大企业。

没有功劳，就没有效益，没有利润，企业就要倒闭。老板是不相信眼泪，不相信苦劳，只相信功劳。只有重视功劳、结果、绩效的员工，才能为企业带来利润，推动企业不断往前发展。

三个年轻人张峰、李冲、鲁玉西受雇于一家蔬菜贸易公司，最初他们拿着一样的薪水。可没过多长时间，张峰和李冲的薪水都增加了不少，而鲁玉西却一直在原地踏步。

鲁玉西很不高兴地走到老板办公室向老板抱怨说："我和他俩同时来到公司，现在李冲的薪水已经增加了一倍，张峰的职位也上升到了部门主管。而我天天勤勤恳恳地工作，对上司交代的任务总是按时按量地完成，可是为什么我的薪水一点儿也没有增加，职位也没变呢？"

老板没有直接回答鲁玉西的问题，而是意味深长地对他说："这样吧，公司现在打算预订一批土豆，你先出去看一下哪里有卖的，然后我再回答你的问题。"

鲁玉西立刻去找卖土豆的蔬菜市场。30分钟后，鲁玉西急匆匆地回来向老板汇报说："有个叫惠农蔬菜市场的地方有土豆卖。"老板听后问道："一共有几家在卖土豆？"

鲁玉西挠了挠头说："我刚才只看到有卖的，没顾得上看到底有几家！"老板又把李冲叫来："李冲，你现在到集市上去一下，看看有卖土豆的吗？"

25分钟后，李冲气喘吁吁地跑回来汇报："报告老板！惠农蔬菜市场有土豆卖，一共有3家卖土豆的。"

老板又问他："土豆的价格是多少？三家的价格都一样吗？"李冲愣了一下："老板，您再等一会儿，我再去问一下。"说完，李冲就要向外跑。这时，老板喊住他，说："你不用再去了，你帮我把张峰叫来吧！"

几分钟后，张峰来到老板办公室。老板对张峰说："公司打算预订一批土豆，你去瞧一下哪里有卖的。"

20分钟后，张峰回来了，向老板汇报："惠农蔬菜市场有3家卖土豆的。其中两家都是1美元一斤，只有一个农民卖的是0.95美元一斤。我看了一下他们的土豆，发现他家的土豆质量不错，假如我们需要很多的话，价格还可以更优惠一些，并且他们家有货车，可以免费送货上门。我已经把那老农带来了，就在公司大门外等着，如果您想现在订货的话我就把他带进来！另外，我还顺便询问了一下西红柿的行情……"

这时，老板看着目瞪口呆的鲁玉西和十分惊讶的李冲，问道："你们都看到了吧！假如你们是老板，会给谁加薪晋职呢？"李冲若有所思，鲁玉西羞愧地低下了头。

读完这个故事，相信大家会有许多不同的感悟。老板给我们职位、给我们相应的权力，是为了让我们主动地、积极地、创造性地把属于我们的工作做得尽善尽美。当你不断地将结果带给老板时，你才能真正成为一名优秀的员工，受到老板的青睐和提拔。因为在老板眼中，没有什么事情能比一个员工处理和解决问题更能表现出他的责任感、主动性和独当一面的能力了！

绝对忠诚于自己的公司

在一个企业中，往往会出现四种类型的员工：第一种是能力和忠诚度都很高的人，第二种是高能力的人，第三种是高度忠诚的人，第四种是能力和忠诚度都很低的人。其中，第一种类型的人才几乎是可遇而不可求的。才华横溢的第二种人才，常常是推动公司进步的原动力。

然而，在一项对世界著名企业家的调查中，当问到"您认为员工应具备的品质是什么"时，他们几乎无一例外地选择了"忠诚"。所以，对于老板来说，忠诚的员工远胜于那些虽然很有才华却没有忠诚可言的员工。

小狗汤姆到处找工作，忙碌多天却毫无所获。他垂头丧气地向妈妈诉苦："好郁闷呀，没有一家公司肯要我。"妈妈奇怪地问道："那么，蜜蜂、蜘蛛、百灵鸟和猫呢？"汤姆说："蜜蜂当了空姐，蜘蛛在搞网络，百灵鸟是音乐学院毕业的去当了歌星，猫是警官学校毕业的去当了警察。和他们不同的是，我没有高等学历和文凭。"

妈妈继续问道："还有马、母牛和母鸡呢？"汤姆说："马能拉车，母牛可以产奶，母鸡会下蛋。和他们不一样，我什么能力也没有。"妈妈想了想说："你的确不是一匹拉着战车飞奔的马，也不是一只会下蛋的鸡，可你是一只忠诚的狗。虽然你没有受过高等教育，本领也不大，但是你有一颗诚挚的心就足以弥补你的缺陷。记住我的话，让你那颗金子般的心发出光来。"汤姆听了妈妈的话，使劲地点了点头。

在历尽艰辛之后，汤姆不仅找到了工作，而且当上了行政部经理。鹦鹉不服气，去找老板理论，说："汤姆既不是名牌大学的毕业生，也不懂外语，凭什么给他那么高的职位呢？"老板冷静地回答："很简单，因为他很忠诚。"

员工对企业的忠诚，能够让领导拥有一种事业上的成就感，同时还能增强领导的自信心，更能使公司的凝聚力得到进一步的增强，从而使公司得以发展壮大。那种既忠诚又有很强工作能力的员工是每个领导都心仪的得力助手。

既忠诚又有能力的员工，这种人不管到哪里都是领导喜欢的人，都能找到自己的位置。而那些三心二意、只计较个人得失、唯利是图的员工，就算他的能力无人能及，领导也不会对他委以重任。

帕克是一家金属冶炼厂的技术骨干，由于工厂准备改变发展方向，帕克觉得工厂不再适合自己，他准备换一份工作。

由于帕克原来上班的工厂在业内的影响力以及他自身的能力，他要找一份工作是轻而易举的事情。很多公司早就来挖过他，但是都没有成功，这次是帕克主动要走，很多公司都认为这是一个获得人才的绝佳机会。

很多公司都给出了很高的条件，但是帕克觉得这种高条件后面一定隐藏着另外一些东西。帕克知道不能为了某些优厚的报酬而背弃自己的原则。因此，帕克毫不犹豫地拒绝了很多公司的邀请。最后帕克决定去全美最大的金属冶炼公司应聘。

面试帕克的是该公司负责技术的副总经理，他对帕克的能力没有任何挑剔，却向他提出了一个让帕克很失望的问题："我们很高兴你能够加入我们公司，你的资历和能力都很出色。我听说你原来的厂家正在研究一个提炼金属的新技术，你也参与了这项技术的研发，我们公司也在研究这门新技术，你能够把你原来厂家研究的进展情况和取得的成果告诉我们吗？你知道这对我们公司意味着什么，这也是我们聘请你来我们公司的原因。"那位副总经理说。

"你的问题让我十分失望，看来市场竞争确实是需要一些非常手段，但是我不能答应你的要求，因为我有责任忠诚于我的企业，尽管我已经离开它了，但任何时候我都会这么做，因为信守忠诚比获得一份工作重要得多。"

帕克身边的人都为帕克的回答感到惋惜，因为这家企业的影响力和实力比他原来的工厂要大得多，在这里获得一份工作是无数人的梦想，但是帕克选择放弃这个绝好的机会。

就在帕克准备寻找另一家公司的时候，那位副总经理给帕克来了一封信，在信中他说道："年轻人，你被录取了，并且是做我的助手，不仅是因为你的能力，更因为你的忠诚。"

每个公司都需要帕克这样的职员，你只有成为这样的人才能受到公司的重用。无论是哪个公司的员工，你都应该保守公司和领导的机密，对公司的各种事情都不能随便张扬，一定要守口如瓶。

忠诚于自己的公司，还意味着要静下心来、踏踏实实地忠诚于自己的工作，尽职尽责地做好自己的本分，少说空话、大话，无论何时何地都要信任老板、支持老板，为企业的发展着想，以为公司创造更多的利润为己任。

忠诚是一种态度，更是一种行动。当员工在绝对忠诚于公司时，其实自己也是最大的受益者。因为，在职场中，忠诚的员工更能干出成绩来，而老板也更愿意、更放心将重要的工作交给这样的人去做。

正确处理好团队的关系

有一位著名的培训师在总结历代成功者的经验时，得出了一个"企业成功法则"，那便是"成功靠团队"。其实，每个企业的老板也都希望自己公司的团队是和谐的一家人，同时也是一条龙，是一个能打硬仗、有着凝聚力、向心力和创造力的团队。

毕竟没有一个企业是靠单打独斗立足竞争激烈的市场中的，也没有一名员工是靠自己的力量独自走向成功的。从进入职场的第一天起，我们的命运就和企业团队的命运捆绑在了一起。没有人能脱离团队，就像下面故事中的一滴水一样。

释迦牟尼曾问他的弟子道："你们知道，怎么才能让一滴水不干涸吗？"

弟子们面面相觑，不知道怎么回答他的问题。

此时，释迦牟尼淡定地说道："把它放到大海里。"

其实，一个人和一滴水是一个道理。一个人就好比是社会中的一滴水，如果不懂得找到大海，那么他也会随时干涸掉。

现如今，越来越多的企业开始关注团队精神。因为一个积极向上的团队能够鼓舞每一个人的信心，让他们志在必得；一个充满斗志的团队能够激发每一个人的热情，让他们勇往直前；一个善于创新的团队能够迸发出智慧的火花，让企业蓬勃发展。所以，当我们每个人都有团队精神的时候，我们的团队才具有凝聚力，才有力量去为企业和个人获得更多的利益。

德国足球队是世界上最优秀的足球队之一，被誉为"日耳曼战车"。然而，令人感到惊奇的是，在这样一支传统的优秀球队里，却极少有个人技术超群的球星。和意大利、英国、巴西等国家的球队相比，德国的球员都显得平凡而默默无闻，有些德国国家队的球员竟然还不是职业的运动员。

然而，这并不影响"日耳曼战车"的威力，他们频频在世界级的比赛中问鼎冠军，把意大利、英国、巴西、荷兰等足球强队踢翻。

谁也不敢轻视他们，其原因在哪里呢？

一位有名的教练说："在所有的队伍当中，德国队是出错最少的，或者说，他们从来不会因为个人而出错。从单个的球员来看，德国队是脆弱的，可是他们11个人就好像是由一个大脑控制的，在足球场上，他们不是11个人在踢球，取而代之的是一个巨人在踢球，这对于对手来说是件非常可怕的事情。"

是呀，当整个团队都拧成了一股绳，发挥团队的最大力量，这就是德国足球队成功的奥秘。

那么，我们应该如何提高自己的团队精神呢？

首先，我们对人要谦虚友善，乐于助人。在我们尽职尽责地做好自己的分内之事的同时，在同事遇到困难或问题的时候，能伸出手来帮助他们。这样，当我们在工作中有不明白或是不知道如何解决的时候，同事也会很乐意地来帮助我们，从而实现共同进步。

其次，时刻树立起自己的团队意识。一个人的力量是有限的，一群人的力量是无限的。我们要懂得群策群力，去更好地为公司和老板贡献团队的智慧和力量。

再次，主动交流、沟通。有时候沟通不好，会引发很多的问题。工作上的事情又多又繁杂，我们和团队的成员要时刻保持有效的沟通，以便更好地传递自己的想法或消除误解，从而使工作变得更加高效。

最后，对于团队最终的决策，要给予百分百的支持。如果每个人都各执己见的话，这个团队就会是一盘散沙，就像很多人同乘一条船，如果大家努力的方向都是不一致的，那么我们最终只能停滞不前。

既然我们都是公司的一员，我们就是公司的主人，我们要有团结一致的心，这样我们的企业才能有竞争力，我们才能有更好的发展。

超越老板对你的期待

在实际的工作中，当接到老板分派的任务时，员工的表现通常有以下三种：

第一种是根本就达不到领导的期望；

第二种是达到了老板的要求，但能做到最好却不做；

第三种是不仅达到要求，而且超过了老板的期望。

第一种人不用说就是凡事都打折扣的员工，这样的员工老板自然不会喜欢。第二种人是能把任务完成，达到老板的要求，但是在工作中明显缺少主动精神，明明能把工作继续改进得更好，却懒得去做，这种员工在单位中永远只会普普通通。第三种员工则截然不同，老板对他们仅仅期望做到二分，他们却积极主动地做到了十分——好到出乎老板的意料。

身在职场，相信每个员工都希望自己能够获得升迁，能够得到更多的薪水和奖金。然而，针对以上这三种员工，你觉得老板会给哪种员工升职加薪呢？毫无疑问是第三种，他们是真正在用心工作，将自己的能力全面施展开来，用实力说话，超越老板对自己的期待，从而得到自己应得的职位、成就和奖励。

比尔上大学的时候在一家著名的IT公司做兼职，由于表现出色，大学毕业后他就成为该公司的一名正式员工，并担任技术支持工程师一职。工作两年后，年仅24岁的他被提拔为公司历史上最年轻的中层经理。

初进这家公司，比尔只是技术支持中心的一名普通工程师，但他非常想干好这份工作。当时，经理让他负责公司的报表系统，但之前公司的报表系统月末才能看到，他觉得如果可以改善一下，不但可以改善之前报表系统里的一些缺陷，而且还能每天做一个统计，这样对于经理更好地调配资源有很大的帮助，还能节省大量的人力、物力和财力。

综合考虑了各种因素后，比尔觉得自己有必要设计一个有更快速反应能力的报表系统。他花了一个周末的时间写了一个有这种功能的报表小程序。一个月后，比尔的小程序在公司内部网页上开始投入使用，试用了一段时间后，经理们都觉得非常不错，后来他设计的报表系统就代替了之前公司采用的报表系统。

通过在报表系统上出色的表现，公司总裁看到了比尔的潜质，认为他可以从更高的管理角度思考问题。一年以后，总裁便让比尔担任公司在整个亚洲市场的技术支持总监一职。

比尔是在没有任何人要求的情况下，认真、主动地去改进工作的，他的工作给公司的工作效率带来巨大的提升，创造了有目共睹的骄人成绩，远远超越了老板的期待。基于此，他在公司中才会平步青云。

一名总是在不断前进、不断超越自己的员工，也总能超越老板的期待。如果你总能带给老板惊喜，老板也必然会对你另眼相看。那么，在实际工作中，我们具体应该怎样做，才能超越老板的期待呢？

1.要想超越老板的期待，就得先超越自己

我们每个人内心深处都在追求、渴望成功和快乐，都在逃避、拒绝失败和创伤，没有人希望自己是人群中可有可无的小角色。谁都想通过自己的努力，成为才华横溢、受人敬仰的人。然而，要想受人敬仰并不是件轻而易举的事，它要求你追求完美，永无止境地超越自己。最优秀的员工往往都能认识到这一点，并把它作为工作信条奉行，从而在工作中创造非凡的价值。

2.老板没要求，自我提要求

我们会在工作中遇到各种各样的问题和困难，这时我们要做的就是让自己变得"不安分"一些，勇于向自己提要求，不断提高自己能力的要求。老板要求做的，我们要百分百地按质按量完成；老板不要求我们做的，我们也要尽自己最大的努力做得更好一些。

其实，想超越老板对你的期待并不难，总结起来就是一句话：我们在平时的工作中要多一些认真、多一些主动、多一些敬业，再多一些为企业创造效益的责任感。

第三章
负责，态度比能力更重要

　　不管做什么工作，一个人的工作做到别人没法替代的程度，就算成功。这种认真精神和敬业精神，才会感动上帝，也是个人能得到最大发展的直接原因。

　　　　　　　　——中国著名天使投资人　徐小平

改变命运从改变态度开始

一个穷汉每天都在地里劳作，有一天，他突然想："与其每天辛苦地工作，不如向神灵祈祷，请他给我财富，供我今生享受。"

他深为自己的想法得意不已。于是，穷汉把弟弟喊来，把家业托付给了弟弟，又吩咐他到田里耕作谋生，别让家人饿肚子。在一一交代之后，他觉得自己没有后顾之忧了，就独自来到天神庙，为天神摆设大斋，供养香花，不分昼夜地膜拜，毕恭毕敬地祈祷道："神啊！请您赐给我现世的安慰和利益，让我财源滚滚吧！"

天神听到这个穷汉的愿望，内心暗自思忖道："这个懒惰的家伙，自己不认真工作，却想谋求巨大的财富。但是，若不给他一些利益，他一定会怨恨我，不妨用些技巧，让他死了这条心。"

于是，天神就化作他的弟弟，也来到天神庙，跟他一样祈祷求福。

哥哥看见弟弟来了，不禁问道："你来这儿干什么？我吩咐你去播种，你播下了吗？"

弟弟说："我也跟你一样，来向天神求财求宝，天神一定会让我衣食无忧的。纵使我不努力播种，不认真工作，我想天神也会让麦子在田里自然生长，满足我的愿望的。"

哥哥一听弟弟的祈祷，立即骂道："你这个混账东西，不在田里播种，只想等着收获，实在是太异想天开了。"

弟弟听到哥哥骂他，就故意反问道："你说什么？再说一遍。"

"我就再说给你听，不播种，哪能得到果实呢？你不妨仔细想想看，你简直太傻了！"

这时，天神现出了原形，对哥哥说："正如你自己所说，不播种就没有果实。不认真工作，是不会有好收成的。"

一个人要想改变命运，就需要努力地把手头的事情做好，因为我们的态度将会影响我们的人生。没有不进步的人生，只有不进取的人。虽然你改变不了过去，但你可以改变现在；虽然你无法延长生命的长度，但可以决定生命的深度。就像上面这个故事中的哥哥，寄希望于通过天神的帮忙来改变自己的命运，但是他也深知一个道理，那便是没有付出就没有收获，要想改变自己的命运，还是得转变自己的态度，要知道态度决定一切。

很多人认为，命运是上天注定的，"命里有时终须有，命里无时莫强求"。但是太多的故事告诉我们命运不是上天注定的，人生中的很多事情就是需要自己去争取、去努力才能得到。

安迪和李雷曾经是大学的同窗好友，两个人的家境也都差不多，他们可以说是站在同一起跑线上。

但是经过了20年的时间，两个人的身份却有着天壤之别。如今的安迪成了某集团的董事长兼总裁，身价上亿元。而李雷却依然在一家公司做着月薪5000元人民币的技术员。

是什么导致这两个人经过20年的发展，身价差距竟然如此之大？很多人都以为是安迪的机会好、命好。但是经过仔细对比、研究后，大家才发现原来是两个人对待工作不同的态度使他们逐渐产生了差距。

安迪喜欢"小题大做"，做事总是很认真，有的时候甚至会为了一点点小问题较劲很长时间，直到自己完全弄懂为止。李雷经常说他多此一举，吹毛求疵，劝他：只是一个替老板打工的，没必要那么认真。李雷总是希望工作不要太累，不想太过奔波，所以对于一些工作他都是应付了事，能推就推。结果虽然李雷在这个岗位上干了20年，却一直没被提拔。

其实，每个人都有决定自己命运的能力。在漫漫人生路上，有太多人选择了随波逐流，听从命运的安排，当你被命运束缚住双脚时，你想到的只有顺从，因为你只想成为一个为解决温饱而被动工作的人。如果你一旦有改变命运的想法，那么你就必须要有选择逆流而上，为自己的选择奋力拼搏的态度。认真也是一天，不认真也是一天。与其浪费时间在等待上，不如用双手去创造一片属于自己的不一样的天空。

相信很多人都看过《阿甘正传》。主人公阿甘的智商只有75分，在特殊学校学习，经常被人欺负。但谁也没有想到，这个注定平凡一生的人，却做出了如此多不平凡的事。他成为越战英雄，受到了美国总统的接待；他靠捕鱼成为百万富翁；一个人跑遍全美国，并成为一名橄榄球健将……他的成就达到了许多智力正常的人也许终其一生也难以企及的高度。

其实阿甘并没有刻意去追求所谓的成功，但最后却获得了成功。单纯的他一直相信只要自己努力就一定会有收获，所以他只想着执着而认真地去做好每项工作。当然，生活最终也没有辜负他，给予了他最美好的礼物。

是的，如果你相信上天，那么上天也是公平的。因为任何收获都不是轻松就能获得的，都需要我们付出超出常人的认真、耐心和努力。积极、认真、努力的态度是改变命运、实现人生价值的必备要素。我们只有在如此的正能量态度的指引下，踏踏实实、认真负责、刻苦钻研、奋发图强，才能改变自己的命运，才能获得人生的成功。

你的职业高度由你的工作态度决定

身在职场，我们人人都有自己的职业规划。对于很多人来说，二十几岁时的规划是将来自己能当上"CXO"（CXO中的"X"是一种代称，代表现代公司里的一种特定职务，如CEO、COO、CFO等）；三十来岁的规划会退一步：将来当上"某总监"；到四十多岁再退一步：做个"资深专家"；到五十岁以后想着能顺利退休就OK了。这一步步的妥协，是真的越来越了解自己，淡泊名利，还是越来越力不从心了呢？

一个人最终能达到的高度，与年龄无关，更多地决定于这个人的工作态度。有句古话叫作"但行好事，莫问前程"，说的是只要你走在正确的路上，回报总会到来。好的工作态度带来的不只是每天上下班路上兴奋踏实的心情，还有卓越的业绩，最终会让你达到自己应该到达的职业高度。

许振超，从一名普通的码头工人成长为一名工人技术专家，凭借不凡的工作业绩，被评为"全国劳动模范"，并被授予"全国五一劳动奖章"，被誉为新时期产业工人的杰出代表。

1974年，许振超初中毕业后到青岛港当了一名码头工人。他操作的是当时最先进的起重机械——门机。许振超勤学苦练，七天后，他在一起学习的工人中第一个进行了独立操作。

然而，会开容易开好难。师傅开门机，钩头起吊平稳，钢丝绳走的是一条线；到了许振超手里，钩头稳不住，钢丝绳直打晃。为了早日掌握这项技术，每次作业完毕，别人都歇着了，许振超还留在车上，练习停钩、稳钩。四五个月后，他开的门机钢丝绳走起来也是一条线了，一钩矿石吊起，稳稳落下，不多不少，正好装满一车皮。这手一钩准的绝活，很快就被大家传开了。

一次，许振超在干散粮装火车的作业时，发现粮食颗粒小，容易洒漏。他便在工作之余，吊起满满一桶水，练习走钩头，直至练到钩头行进过程中滴水不洒。这时，他再去装散粮，一抓斗下去，从舱内到车内，平平稳稳，又一个绝活——一钩清。许振超的活干净利索，装卸工人们二次劳动的量得以大大减轻，谁都愿意跟他搭班。

1984年，青岛港组建集装箱公司，许振超当上了第一批桥吊司机。此时的许振超又开始钻研上了。桥吊作业有一个高低速减速区，减速早了装卸效率下降，减速太迟又影响货物安全。于是，他带上测试表反复测试，终于成功地将减速区调到最佳位置。以前一台桥一小时吊14～15个箱子，改革后能吊近20个箱子，使作业效率提高了25%。

1991年，许振超当上了桥吊队队长。他在工作中发现，桥吊故障中有60%是吊具故障，而故障主要是由于起吊和落下时速度太快，吊具与集装箱碰撞造成的。他提出，这么操作不仅桥吊容易出故障，货物也不安全，必须做到无声响操作。

司机们一听炸了窝。集装箱是铁的，船是铁的，拖车也是铁的，这集装箱装卸就是铁碰铁，怎么能不响呢？

许振超没多解释，自己动手练起来。他通过控制小车水平运行速度和吊具垂直升降之间的角度，操作中眼睛上扫集装箱边角，下瞄船上装箱位置，手握操纵杆变速跟进找垂线。打眼一瞄，就能准确定位，又轻又稳。然后，他专门编写了操作要领，亲自培训骨干并在全队推广，以事实说服司机们。就这样，无声响操作又成了许振超的杰作、青岛港的独创。

当了队长的许振超，除了开好自己的桥吊，还想做更多的事。

一次，队里的一台桥吊控制系统发生了故障，请外国厂家的工程师来修。专家干了12天，一下子挣走了4.3万元。这件事深深地刺痛了许振超。他想，如果自己会修，这笔钱不就省了吗？

然而，桥吊的构造很复杂，涉及电力拖动、自动控制等6门学科，就是学起重机械专业的大学生也至少得两三年才能够处理一般性故障。许振超只有初中文化，可为了攻克这门技术，他像着了魔似地刻苦钻研，终于他发现，所有的技术难点都集中在一块块控制系统模板上，而这正是外国厂家全力保护的尖端技术——不仅没提供电路模板图纸，就连最基本的数据也没有。

许振超偏不信邪。每天下了班，他拿着借来的备用模板，一头扎进自己的小屋里。一块书本大的模板，一面是密密麻麻镶嵌的上千个电子元件，另一面是弯弯曲曲的印刷电路，这样的模板在桥吊上一共有20块。为了分辨细如发丝、若隐若现的线路，许振超专门用玻璃做了个支架，将模板放在玻璃上，下面安上100瓦的灯泡，通过强光使模板上隐形的线路显现出来，然后一笔一笔绘制成图。光分辨这两千多个焊点，已够麻烦了，要弄明白它们之间的连接更麻烦。一个点前后左右可能有四条连线，而且每条连线又延伸出两条连线，两条再变成四条，最多的变成20～30条连线，每个点、每条线，许振超都要用万用表试了又试，一条线路常常要测试上百个电子元件，直到最终试出一条通路来。这样精细的活，特别累眼，累得看不清了，许振超就到冰箱里取出冰块，敷上一会儿。接着再干，每天晚上坚持干三个多小时。

就这样，许振超用了整整四年时间，一共倒推出了12块电路模板，画了两尺多厚的电路图纸，终于攻克了技术难点。这套模板图纸后来便成了桥吊司机的技术手册，成了青岛港集装箱桥吊排障、提效的利器。一次，一台桥吊上的一块核心模板坏了，许振超跑到电器商店花8块钱买了一个运控器，回来换上后桥吊就正常运作了。而这要是在以前，换一块模板又得花好几万块钱呢！

2000年，队里的6台轮胎吊发动机又到了大修的时候。许振超找到公司领导，主动请求把这个项目交给他，让他组织技术骨干来完成：一来锻炼队伍，二来节约资金。面对复杂的维修工艺，他与攻关小组一边琢磨一边实践，加班加点，提前完成了轮胎吊发动机的大修。近几年来，经他主持修理的项目累计为青岛港节约了八百多万元。

2003年4月27日，青岛港新码头灯火通明，许振超和他的工友们在地中海阿莱西亚轮上开始了向世界装卸纪录的冲刺。20时20分，320米长的巨轮边，8台桥吊一字排开，几乎同时，船上8个集装箱被桥吊轻轻抓起放上拖车，大型拖车载着集装箱在码头上穿梭奔跑。安装在桥吊上的大钟，记录了这个激动人心的时刻。4月28日凌晨2时47分，经过6小时27分钟的艰苦奋战，全船3400个集装箱全部装卸完毕。许振超和他的工友们创下了每小时单机效率70.3自然箱和单船效率339自然箱的世界纪录。5个月后，他率领团队又把每小时单船339自然箱这个纪录提高到每小时381自然箱。

更令许振超和他的桥吊队振奋的是，振超效率产生了巨大的名牌效应，青岛港在世界航运市场的知名度越来越高。一年来，海内外，世界许多知名航运公司主动寻求与青岛港合作，纷纷上航线、增航班、加箱量，仅短短8个月时间，青岛港就净增了13条国际航线，实现了"全球通"。2003年，完成集装箱吞吐量420万标准箱，实现了24.3%的高速增长。

在热火朝天、一派繁忙的青岛港码头采访许振超时，这位朴实的"老码头"指着海上熙来攘往的货船，说了一句很朴素的话："货走得快，走得好，咱心里就踏实。"

许振超一直以严谨、认真、踏实的工作态度去做好每项工作，同时，他还懂得去深入琢磨，力求把自己的工作做到清楚明白。最终，他创造了不凡的工作业绩，成为众员工的楷模。

在现实生活中，当你每天只想着自己要成为"CXO"或者"某某总"时，其实你已经和良好的工作态度背道而驰了，因为不可能每天都有激动人心的"大事"等着你去做，日常工作的细节中却蕴含着超越的因子。只有在工作中树立了正确的工作态度，那么你才有可能做到最好的自己。

事实证明，良好的工作态度决定了一个人的职业高度。无数人的成功之路告诉我们，即使你在一个平凡的位置上，但只要有一颗认真做事的心，就会步步向前，你的职业也会达到一个新的高度。每天进步一点点，也许在一段时间之后，你会发现自己已经到达了以前从未想过的一个新境界。

态度比能力更重要

态度与能力，两者之间哪个更重要呢？俗话说："态度决定一切。"对待成长的态度，决定了成功的速度；对待学习的态度，决定了成长的高度；对待失败的态度，决定了成功的高度。

古往今来，我们都在提倡德才兼备。实践证明，工作能力虽然是能不能胜任工作的重要条件，但工作态度才是能不能干成事的基础条件。态度不端正，能力再强，他的工作也不会出色，能力不足者，顶多是成事不足；而态度不端者，往往败事有余。由此可见，态度比能力重要！认真的态度比能力更重要！

所以，一个人光有能力而没有态度是不能做好事情的。因为所有的事情都需要认真去做、用心去做才能做好，而这就需要建立在一个认真的态度之上。就算你有很强的能力，但是你缺少认真的态度，也是无法将小事做好的。

小张上中学的时候，老师出了一道数学难题，叫小张和另外一名同学上讲台解答。小张很快就考虑好了解答步骤，而另外一名同学还在那里凝神。为了表现一下自己的聪明才智，小张很得意地用粉笔在黑板上"唰唰唰"地写了起来，结果，他三下五除二就算好了。这时，另外一名同学还在一笔一画地写着。小张很是自豪，将粉笔头一扔就大摇大摆地回到了座位。

虽然最终小张和那位同学都答对了，但老师给的评语却大不相同。她指着黑板上小张写的字说："同学们，你们来看一看，如此急忙、潦草，这是做学问该有的严谨态度吗？在能力相当的情况下，做学问其实靠的就是一个人的态度……"

对此，小张很不服气，自己看重的是结果，而老师要的似乎还有过程。

多年后，小张去应聘一个会计职位。由于有相关工作经历和较高的职称，小张的竞争对手们纷纷落败，最后只剩下一个其貌不扬的家伙与小张去迎接最后的面试挑战。

单位的会计主管接待了他们，他拿出一堆账本，要他们两个人统计一下某个项目的年度收支情况。

约一个小时，小张便完成任务了。10分钟后，竞争对手也收工了。会计主管叫他们在一旁等待一下，自己则拿着他们的"试卷"去了老总办公室。

结果却令小张感到异常吃惊和恼火——他没有被录用！为什么？会计主管回答说："你没有做月末统计，而他不但做了，还做了季度统计。"小张问："不是只要年度统计吗？"主管笑道："是啊，但年度统计数据应该从每月合计中得出——这不算什么会计学问，但反映了做会计的严谨认真的态度。你们能力相当，所以我们最后要看的就是各人的态度了。"

从那以后，"态度"一词在小张心中生了根——同样的能力，在不同的态度下，会导致完全不同的未来。

如果说能力是一座高楼，态度就是地基。只有地基稳了，高楼才能建成，没有地基的高楼迟早是要倒塌的。

拿破仑曾说过这么一句话："没有人能阻止你成为最出色的人，除了你自己。"一个人只有从主观意识上树立起良好的态度，一心一意地专注于自己的工作，才能不断进取，让自己离成功更近一步。

徐峰是北京一家装修公司的普通工人，有一次公司让他负责装修一栋别墅，而这栋别墅的主人是一个非常成功的大商人。因为这位大商人赏识徐峰对工作认真的态度，现在的徐峰已经是这位商人一个子公司的负责人了。

　　徐峰这样一个没有相关工作经验，没有高学历背景的人为什么会被重用呢？答案很简单。那个大商人就是因为赏识他对工作认真负责的态度才决定给他一个机会。

　　原来，在一个炎热的午后，这位大商人在天气很热的一天来看自己家别墅的装修进度，他发现徐峰因为担心打开电风扇会将灰尘吹到油漆上影响美观就没有开电风扇而使自己热得满头大汗，感动之余他让徐峰先休息一下。

　　"没关系，这是我的工作，我应该做到最好。"

　　"我想高薪聘请你到我的公司来工作，你看怎么样？"

　　"先生，我可以考虑您的建议，不过目前我需要专心做好手中的工作，而且这个项目还有一个月的时间才能完工，如果您能等，到时候我们再联系，可以吗？"说完，徐峰就又忙活起了自己手头的工作。

　　大商人一个月后主动和徐峰联系了，而如今的徐峰已经能独当一面了。

　　良好的工作态度是每个职场人士获取成功不可或缺的品质。在你拥有出色能力的同时千万别忽略了你的态度，要知道，它能让你专注地投入到工作中去，而且你的收获将会越来越多，并最终创造出精彩的人生。

没有干不好的工作，只有不好好工作的人

一个人能否干好本职工作，能否在工作中脱颖而出，只要看他工作时的精神状态和态度即可。如果一个人工作时充满热情且认真努力，他就能够做到精益求精、力求完美。相反，如果一个人做起事来总是感到劳碌辛苦，没有任何趣味可言，那他绝不会做出什么伟大的成就。

任何企业，工作都是一样的，但是人不一样，人的精神和态度也不一样，所以说，没有做不好的工作，只有不好好工作的人。当员工能端正好自己的态度认真工作时，他便拥有了不断跨越障碍、克服困难的力量，从而为在工作上取得更大的成就奠定了强有力的基础。

海尔集团是一家专注于家电领域的企业，自1984年创办至今，一直都是行业内的佼佼者，其生产的家用电器已经成为优质产品的代名词。而海尔之所以能够多年屹立不倒，一个最大的原因就是海尔的员工都能用认真的工作态度和超强的责任心去解决工作中出现的任何一个小问题，海尔住宅设施事业部卫浴分厂厂长魏小娥就是一个典型的代表。

　　当时，海尔为了让整体卫浴设施的生产流程更加完善，派遣魏小娥东渡日本，学习当时世界上最先进的卫浴生产技术。学习期间，魏小娥意外地发现，一向以精益求精闻名于世的日本企业，生产的产品合格率是99%。"为什么不能把产品的合格率提高到100%呢？"在一次讨论会上，魏小娥向日本的技术人员提出了自己的疑问。

　　那位技术人员听了魏小娥的问题，笑着摇了摇头，告诉她说，世界上没有完美的产品，那1%的合格率是很多企业都难以逾越的难题。魏小娥听后不以为然，她认为作为海尔人，要么不做，要做就要做到最好。因此，她暗下决心，一定要让海尔产品的质量标准达到100%。从此，魏小娥除了吃饭睡觉之外，把所有的时间都用在了研究资料、攻克技术难关上。交流学习结束后，魏小娥带着最先进的技术和赶超日本的信念回到了海尔。

　　一回到海尔，魏小娥就组织人员开始对卫浴模具进行改造，希望尽快提升产品的质量。在她的带领下，卫浴生产现场焕然一新，生产流程有条不紊，更重要的是，终于生产出了她想要的质量为100%的产品。

　　一年后，当大名鼎鼎的模具专家宫川专程来华访问海尔时，看到海尔卫浴的生产现场以及没有任何瑕疵的产品，惊讶的同时，也带着好奇心问魏小娥："日本卫浴产品生产现场又脏又乱，我们一直在努力改变，但效果甚微。你是用什么办法让生产现场保持得这么好的？另外，产品100%的合格率，我们从未达到，也不敢奢求。因为在我们看来，产品1%的废品率、5%的不良率，是完全合理的。你们又是如何让产品质量达到100%的？"

　　魏小娥淡然一笑说："只要有认真负责的态度，就没有做不好的工作。"

可见，只要怀着一颗认真负责的心努力去工作，就没有干不好的工作，即使遇到再大的难题，最后也能找到解决的办法。

然而，在职场中，有很多人从事的工作不是自己的兴趣和爱好所在，就采取不好好工作的态度，每天都是在浑浑噩噩中度过，工作结果也是漏洞百出，给公司带来了一定的损失。老板批评他们，他们还觉得委屈，然后便是自暴自弃，有的索性就承认自己无能。

詹妮刚开始做新闻主播时，被委任的工作是报时和节目介绍，不仅每天的工作内容一成不变，就是一天之中相同的事情也要重复好几遍。

然而，她最初应征的却是记者。因此，那时她的心情简直糟透了，每天都过得相当郁闷。后来，她发现同事、朋友们也开始慢慢地疏远她了，这使得她的心情变得更加沉重。

有一天，詹妮忽然意识到自己这样是在浪费青春、虚度光阴。如果自己真的讨厌这份工作，那就应该立即辞职，否则以目前这种状态，一年中的大部分时间就只能虚度下去。以这种颓废的心态来工作，简直就是在践踏自己的青春。要知道，没有干不好的工作，只有不好好工作的人。于是，她试着把自己融入工作中去，使自己乐在其中。

经过一番态度的转变后，她开始思考，怎样才能在呆板的台词中加入自己的话，让别人的台词成为自己的台词。

后来，詹妮找到了改善自己工作态度的办法。她发现，每周两次的晚间节目介绍的前10秒钟是她的自由发挥时间。因为在那之后的台词她无权更改。于是，她想到了如何好好利用这10秒钟的时间。

"今天的天气真不错！""昨天的棒球比赛很精彩！"在这10秒钟之

内加上她亲眼看见、亲耳所闻、真心所感的一些小事情。从时间上讲，不过短短的10秒钟，但是，从这以后，她的心情却彻底发生了改变，每日一句成了她一天中最大的乐趣。

不论是走路，还是坐公交车，只要一有空闲，她就思考着今天的10秒钟说什么好，怎样表达才能更好一些。就这样，她原来黯淡的心情重新变得开朗起来，由此也赢得了周围人的友谊。

而她那颇具创意的每日一句也在听众中赢得了广泛好评，原本僵硬死板的节目介绍，因为她的一句妙语而变得温馨无比，使人闻之如饮甘泉。同时，周围的朋友也对她大加赞赏："干得不错嘛！听你说得真是神采飞扬呀！"周围人的赞美令她高兴不已，工作也越做越好。不久，她就被提拔到更重要的工作岗位上去工作了。

无论做什么工作，只要你能像詹妮那样，试着改变自己的态度，变被动为主动，好好工作并在工作中加入自己的创意，让单调的工作变成一件充满意义和乐趣的事情，那么，你不但会让自己在工作中变得更加轻松、有激情，而且还能得到领导的赏识，为企业带来更多的效益，如此一箭三雕，何乐而不为呢？

在职场中，没有做不好的事，只有不好好工作的人。如果你能够让端正向上的态度深入你心，真正贯穿你工作的始终，把自己经手的每份工作都做到尽善尽美，相信很快你就会攀上成功的巅峰。

内心强大才能激发你的潜力

身在职场，很多人都觉得自己活得不轻松：每天要面对纷繁复杂的工作，要处理周遭的人际关系，要统筹好工作安排，要看上司的脸色行事……

生活不易，工作也不轻松。如果你有这样的感受，那么恭喜你，你在逼着自己成为更优秀的自己。

或许，很多人都有过这种感受。爬山的时候，上坡会走得很费劲，甚至一度有过放弃登顶的决心，但是最后，你还是调动了自己浑身的力气到达了顶峰，在登顶的那一刻你会佩服自己居然有如此强大的毅力。

所以，如果你只是一名普通的员工，请你不要小瞧自己，因为你只要有强大的内心，有百折不挠的勇气并不断地努力工作下去，你的潜力就会不断地得到激发，你的技能和记录也会不断地得以刷新。如此你会更加有信心激励自己追求最好，虽然没有最好，只有更好，但当我们不断增强自己的信念、不断提升自己的能力的时候，你的标准也会越来越高，你的能力也会越变越强，最终你会成为企业里不可或缺的人才。

　　爱迪生曾说过这么一句话："如果我们做出所有我们能做的事情，我们毫无疑问地会使自己大吃一惊。"

　　如果你是一名渴望得到企业重用的员工，如果你希望让你的老板觉得你是不可取代的员工，那么你就一定要从内心真正决定做最好的员工。只有这样，在你的意识中才会有信心做到尽可能完美，你的个性也才会真正成熟起来。

　　卓越的员工会认真安排好自己的工作，他们绝不会满足于现状，在原地踏步，他们想要的是每天不停地追求、不断地进步。他们更愿意去"自讨苦吃"，主动去做一些超越自己能力范围的事情，以此来锻炼自己的能力，取得更高的成就。

　　然而，公司里也会有这样一部分员工，他们满足于现状，甘于平庸，不打算进步。每天只知道管好自己的"一亩三分地"，对于一些不属于自己工作范围或超出自己能力范围的工作，坚决不参与。每天想的就是"如果今天的活能轻松一些，该有多好呀"，日复一日，重复着每天的工作，不想有任何的突破，一辈子就拿着同样的薪水。他们还给自己冠以"知足常乐"的美名。殊不知，这种人迟早会被公司淘汰出局。

　　从前，有一白一黑两匹马，其中白色的是千里马，它天生就拥有很强壮的体魄和有力的腿，另外一匹黑色的马就稍微差一些。两匹马一块儿给主人干活。

　　由于它们的主人收入不太稳定，因此，给它们的食物也是时好时坏。于是，千里马就根据食物的好坏来奔跑：吃得好的时候就跑快一些，吃得不好的时候就不那么用力跑。它心想：你给我什么待遇，我就怎么跑咯！

但黑马就不同，不管主人给的食物是好是坏，它都一心一意、认认真真地用力跑着。

渐渐地，主人就发现了差别：那匹白马有时跑得快，有时跑得慢，而黑马则越跑越快。于是，主人在给它们喂食的时候，故意多分了一些给黑马，也特别照顾它。

白马看了后便更加生气了，心想：你这么对我，那我也不用这么用力跑了，反正我有的是能力。除非你按千里马的待遇对我，否则你休想再看到我奋力奔跑的样子。

又过了一段时间，主人感到白马相对于黑马来说，跑得越来越慢了。于是，他决定把白马放到磨坊里去拉磨，换了另外一匹马来取代它。

从此，白马在磨坊里被蒙着眼睛，吃着粗糙的食物，日复一日地绕着磨盘打转。黑马则跟随着主人在外面驰骋，跑得也越来越快，虽然赶不上千里马的速度，但也逊色不多，主人还特别照顾它，给它喂精细的食物和甘甜的山泉水。

又过了很多年，伯乐经过磨坊，一眼就看到了正在拉磨的白马，很惊讶地找来主人告诉他说这是一匹千里马。主人感到很惊讶，但还是听从了伯乐的吩咐，给白马喂精细的食物和干净的清水，开始精心调养它。白马心想，这回终于盼到了识货的伯乐，于是也准备好好一展自己的身手。可是，由于长年累月在磨坊工作，白马再也跑不出以前的速度了。

主人心想：估计是伯乐看走眼了，这匹白马可能根本就不是什么千里马，它以前也是跑得时快时慢，没感觉有什么特别！算了，还是让它回去拉磨吧！

　　上面这个故事中的白马一开始虽然有能力，但是它的内心被外因的事物所左右，从而局限了自己的能力，让自己在自暴自弃中丧失了原有的能力。而黑马虽不及白马的潜质，但它有着强大的内心，不断地提升自己的能力，结果它激发出自己的潜能，越跑越快，主人也越来越看重它。在职场上，员工们一定要有强大的内心，在支撑自己梦想的前提下，认认真真地做好本职工作，脚踏实地地不断提高自己的能力，激发出自己的潜能，这样在伯乐老板来了以后就能被一眼相中，成为激烈竞争中的优胜者，从而有更好的机会去实现自己的梦想。要知道，内心强大，才能所向披靡。

第四章
负责，是最好的敬业

每个人都应该有这样的信心：人所能负的责任，我必能负；人所不能负的责任，我亦能负。

——美国前总统　亚伯拉罕·林肯

精益求精，只为把工作做完美

所谓精益求精，就是比喻已经做得很好了，还要求更好。无论是个人还是企业做什么事，不做则已，要做就做得完美，不然你就一定会被别人或别的企业赶超甚至淘汰。同时，这也是责任使然。

海尔的"零缺陷"质量为其他众多企业树立了典范。

1985年，海尔的一位用户来信反映，近期海尔生产的冰箱有质量问题。张瑞敏觉得问题很严重，突击检查了仓库，发现仓库中不合格的冰箱有76台。

在研究处理办法时，干部提出了两种意见：一是作为福利处理给本厂有贡献的员工；二是作为"公关手段"处理给经常来厂检查工作的工商局、电业局、自来水公司的人，拉近他们与海尔的关系。但是张瑞敏却做出了一个让所有人都大吃一惊的决定：将76台冰箱全部砸掉。

张瑞敏召开全厂各部门人员参加的现场会，确认了每台冰箱的生产人员后，提出由事故责任人当着全厂职工的面用大锤将76台冰箱全部砸掉。

"嘭——嘭——"的锤声，砸跑了当时全厂员工3个月的工资。亲眼看见砸冰箱的场景，全厂员工不禁潸然泪下。那时海尔还在负债，一台冰箱的价格也很贵，而且这些冰箱也没有多少毛病，甚至有的冰箱只是在外观上有一道划痕而已。

张瑞敏的这一举动在当时令很多人都难以理解。但是，正是这一锤砸碎了过去的陈旧意识，让全厂员工明白了：没有严格的立厂之道，就没有海尔的前途。在海尔，有缺陷的产品就等于废品。

"零缺陷"很快成了海尔全体员工的信念。员工们一改往日马马虎虎、将就凑合的态度，每个人在每个生产细节上都精心操作。正是因为秉持着让产品"零缺陷"的理念，海尔企业赢得了良好的口碑，赢得了消费者的忠诚。

"零缺陷"不仅是优秀企业定下的高标准，更是负责任员工给自己定下的严要求。每位负责任的员工应该在工作中把主要精力投入到工作中去，从根本上预防和杜绝缺陷的产生，尽力把产品质量和工作质量做到精益求精，才能确保不出现任何差错。

试想一下，假如你是公司的老板，你会喜欢一个在工作中追求精益求精、把工作做完美的人，还是喜欢一个对工作敷衍了事、马马虎虎的人呢？假如你想要提拔一名员工，你会提拔那个办事稳妥、迅速周到，做起事来有条不紊、不辞劳苦的人，还是那个拖拉懒惰、做事总是留下一堆烂摊子而且还需要别人去为他善后的人？答案肯定是毋庸置疑的，你会选择前者。

无论哪个企业都需要认认真真、兢兢业业的负责任员工，因为他们会一丝不苟地对待自己的工作，能把工作做到尽善尽美，这样的员工才是真正能为企业创造效益的员工，也才是企业真正需要的员工。

那些做事马虎、敷衍应付的人，是得不到老板的重用的。没有人愿意去信任他们，因为他们做任何事情的结果总是不那么让人满意，更有甚者还得花费更多的人力、物力、财力去弥补他们捅下的漏洞。所以，这种人无论走到哪里，都不会受欢迎。这样的员工，对公司不负责任，对自己也不负责任。

对员工而言，做事精益求精也是实现自己个人价值的重要途径。它是一种品德，更是一种能力。一个人总是严格要求自己，把每件事都做得无懈可击，那么对于这个人来说也是一种修炼。

从前，有个人出外做工。时值秋天，要回家收秋。几个月以来，他整天忙于工作，挣了许多银子。可是自己的头发也长得很长了，要回家了，怎么也得找个地方剃剃头吧。

幸运的是，他恰好看到了一个理发摊。只见那位理发师傅，白白胖胖，看上去很笨拙的样子，身穿白大褂，坐在凳子上抽着烟，很悠闲的样子，看来他没什么生意。

于是，他走到理发师傅面前，放下自己的挑子，摸了摸自己压得难受的肩膀，伸了伸腰说："师傅，生意可好啊？"

理发师傅赶忙赔上笑脸："借您吉言，还好，要剃头吗？"

他说："是啊，要回家收秋了，理个光头吧。"

"好嘞！"理发师边说边倒热水，招呼客人坐下。他稳稳地坐下后，理发师傅仔仔细细地给他洗好头，不慌不忙地拿出剃头刀说："您有三个月没理发了吧？"

他略一掐算，回答道："师傅好眼力，整整三个月，一天不差。"

理发师傅说："我要开始剃啦。"说着，将剃头刀在他的眼前一晃，手指一搓向上一扔，只见剃头刀滴溜溜打着转，带着瘆人的寒风向空中飞去，当落下时，只见剃头师傅眼疾手快，一伸手稳稳地接住剃头刀，并顺势砍向他的头，这下可把他给吓坏了。"啊"声还没叫出来，只觉得头皮一凉，一缕头发已经被削下，这时他才"啊"的一声，大喊："你要干什么？"剃头师傅用肥胖的手往下一摁说："别动！"说完，刀又旋转着飞向空中，他用力挣扎着要闪，可是被剃头师傅按得死死的，动弹不得。说时迟那时快，剃头师傅一接旋转的剃头刀，又是一缕头发落地。顿时，他被吓得脸色苍白，却又不能挣脱，只好闭上眼睛，心想："这下完了，小命不保了。"只见剃头师傅就这样一刀接一刀，三下五除二，不一会儿就给他剃好了头，拿过镜子一照，嘿，头一点儿也没伤着，而且还被剃得锃光瓦亮。

故事中的理发师傅就是一个把剃头的手艺练到出神入化，做到神乎其技之人。他拿着刀子在那个人头上旋转扔刀，在丝毫没伤着客人的情况下，把客人的头剃得锃光瓦亮。这体现的就是现代人常说的精益求精的工匠精神，不留一丝缺陷。

在实际工作中，有很多人虽然能力不足，但是他们懂得比那些聪明人更加努力负责，只要是领导交代的工作，他们都能尽职尽责，一丝不苟地做好。长此以往，通过经验的不断积累，他们就能将工作干得非常漂亮。但也有不少员工本着自己有点能力或有点小聪明，在工作时偷奸耍滑、蒙混过关，结果导致自己负责的项目经常出问题，让公司蒙受损失，也让自己流于平庸之列。

无论身处何处，一个想把工作做完美的人，总是会受欢迎的。所以，对于工作，你一定要本着认真负责的态度全心全意去做。这样不但你的工作会越做越完美，而且你也能不断提高自己的水平，成为企业中的佼佼者。

对工作负责，就是对自己负责

在职场上，负责是一个人最基本，也是最宝贵的职业素质，没有做不好的工作，只有不负责任的人。

一个缺乏责任感的人或者一个不负责任的人，不仅会失去社会对他的基本认可，失去别人的信任与尊重，而且在工作中往往会一事无成。履行职责的最大回报是敢于承担责任的工作人员会被赋予更大的责任和使命，因为只有这样的工作人员才真正值得被信任，才能真正担当起时代发展赋予他的责任。

李嘉诚曾说过："一个人能承担多大的责任，就能取得多大的成功。"

一群男孩在公园里做游戏。在整个部署中，有人扮演将军，有人扮演上校，也有人扮演普通的士兵。有个"倒霉"的小男孩抽到了士兵的角色。他要接受所有长官的命令，而且要按照命令丝毫不差地完成任务。

"现在，我命令你去那个堡垒旁边站岗，没有我的命令不准离开。"扮演上校的亚历山大指着公园里的垃圾房神气地对小男孩说道。"是的，长官。"小男孩快速、清脆地答道。接着，"长官"们离开现场；男孩来到垃圾房旁边，立正，站岗。时间一分一秒地过去了，小男孩的双腿开始发酸，双手开始无力，天色也渐渐暗了下来，却始终不见"长官"来解除任务。

一个路人经过，说公园里已经没有人了，劝小男孩回家。可是，倔强的小男孩不肯答应。

"不行，这是我的任务，我不能离开。"小男孩坚定地回答。"好吧。"路人实在拿这个倔强的小家伙没有办法，他摇了摇头，准备离开，"希望明天早上到公园散步的时候，还能见到你，到时我一定跟你说声'早上好'。"他开玩笑地说道。听完这句话，小男孩开始觉得事情有些不对劲了：也许小伙伴们真的回家了。于是，他向路人求助道："其实，我很想知道我的长官现在在哪里。你能不能帮我找到他们，让他们来给我解除任务。"路人答应了。过了一会儿，他带来了一个不太好的消息：公园里没有一个小孩子。更糟糕的是，再过10分钟这里就要关门了。

小男孩开始着急了。他很想离开，但是没有得到离开的准许。难道他要在公园里一直待到天亮吗？正在这时，一位军官走了过来，他了解完情况后，脱去身上的大衣，亮出自己的军装和军衔。接着，他以上校的身份郑重地向小男孩下命令，让他结束任务，离开岗位。军官对小男孩的执行态度十分赞赏。

回到家后，他告诉自己的夫人："这个孩子长大以后一定是名出色的军人。他对工作岗位的责任意识让我震惊。"军官的话一点没错。后来，小男孩果然成为一名赫赫有名的军队领袖——布莱德雷将军。

坚守岗位，完成任务，这就是我们所说的岗位责任。在职场上，任何时候都不要说："这不是我的工作。"任何时候都不要逃避责任，做一个置身事外的"旁观者"。

有人说："一盎司的责任胜过一磅的智慧。"责任出勇气、出智慧、出力量。放弃责任就等于放弃卓越、放弃成功，放弃实现自己价值的机会。

然而，在工作和生活中，很多员工都是以一副玩世不恭的姿态去对待自己的工作和职责的。他们对自己的工作推诿塞责，故步自封。任何工作到了他们的手里都不能被认真对待，以至年华空耗，事业无成。如此何谈谋求自我发展、提升自己的人生境界、改变自己的人生境遇、实现自己的人生梦想呢？

李军高中毕业后随迟明到南方打工。迟明和李军都在一个码头仓库给人家缝补篷布。李军很能干，做的活儿也精细，他看到丢弃的线头碎布也会随手拾起来，留作备用，好像这个公司是自己开的一样。

一天夜里，暴风雨骤起，李军从床上爬起来，拿起手电筒就冲进大雨中。迟明劝不住他，骂他是个傻蛋。

在露天仓库里，李军查看了一个又一个货堆，加固被大风掀起的篷布。就在这时，老板正好开车过来，看见李军已经成了一只落汤鸡。

老板看到货物完好无损时，当场表示给李军加薪。李军说："不用了，我只是看看我缝补的篷布结不结实。再说，我就住在仓库旁，顺便看看货物只不过是举手之劳。"

老板见他如此诚实、如此有责任心，就让他到自己的另一个公司当经理。

李军的公司需要招聘业务员，迟明跑来说："给我弄个好差干干。"李军深知迟明的个性，就说："你不行。"迟明说："看大门也不行吗？"李军说："不行，因为你的责任心太差，不会把活儿当自己家的事干。"迟明说他："真傻，这又不是你自己的公司！"临走时，迟明说李军没良心，不料李军却说："只有对公司负责任、对工作负责任的人，才能把事情干好，才算有良心。"

几年后，李军成了一家公司的总裁，而迟明却还在码头替人缝补篷布。

责任虽然意味着付出，但同时责任也意味着机会。马云曾说过这么一句话："人一旦受到责任感的驱使，就能创造出奇迹来。"努力培养自己尽职尽责的工作精神吧，因为只有一个人具备了尽职尽责的精神之后，才会产生改变一切的力量，才能成为工作与生活中的赢家。

负责，是最好的敬业

很多公司的招聘信息里就明确要求员工要有责任意识。著名的IBM公司的企业文化核心是"永远具有强烈的责任意识"。华为公司也提出："认真负责且管理有效的员工是公司最大的财富。"一家企业如果没有一批有责任心的员工是注定走不远的，企业需要负责任的员工。

阿基勃特是美国标准是有公司的一名普通职员，但他无论在什么场合中签名，都不忘在最后加上一条公司的宣传语"每桶4美元的标准石油"。刚开始大家都觉得这个人很奇怪，时间一久，也就习惯了，公司的同事和熟识他的朋友干脆给他取了个外号——"每桶4美元"。渐渐地，大家逐渐遗忘了他的真名，只知道他叫"每桶4美元"了。

后来，这事传到了公司董事长洛克菲勒的耳中，他把阿基勃特叫到跟前，问道："别人叫你'每桶4美元'，你难道不生气吗？"

阿基勃特回答道："'每桶4美元'是我们公司的宣传语，如果别人叫我一次，我就免费替公司做了一次广告，这是值得高兴的事情，我为什么要生气呢？"洛克菲勒感叹道："时时不忘为公司做宣传的人，正是我们需要的有责任感的员工。"

当洛克菲勒退休后，阿基勃特便成了标准石油公司的下一任董事长，他得到升迁的主要原因就是对待工作一丝不苟，充满责任感，一直坚持不懈地为公司做宣传。

阿基勃特用自己的行动表明了自己对工作的责任精神。这件事情看起来平凡实则伟大，看起来简单，做起来就很难。最终他的举动影响了他的一生，让他的事业生涯也走向了卓越。

身处职场，很多人天天喊着要爱岗敬业。但我们不能只是把它当成一句口头禅或是一句空话而束之高阁。其实，我们要明白一点，负责便是最好的敬业。工作意味着责任，"在岗一分钟，尽责六十秒"。那些爱岗敬业的人承担的责任要比一个不负责任的员工多得多，而在承担责任的过程中，个人的能力也能够得到历练，而这些都将成为负责任员工的资本。

现如今，大家都在提倡那些爱岗敬业的劳模，其实他们只是将责任意识贯穿到自己的工作的方方面面，让我们先来看看这位著名劳动模范、全国三八红旗手李素丽的事迹，看看她是如何在普通的工作岗位上获得成功吧！

李素丽在高考落榜后，便做起了售票员的工作。虽然这个工作比较枯燥乏味，但是在父亲的教育和周围同事的感染和帮助下，她渐渐地爱上了这份工作。

李素丽通过多年的实践和一点一滴的积累，练就了能根据乘客的不同需求，给他们最需要的服务的本领。

上班族急着按时上班，李素丽见到他们追车就尽量不关门等他们；老幼病残孕，最怕摔怕磕怕碰，李素丽就主动挽上扶下；遇到不小心碰伤的乘客，她赶紧从特意准备的小药箱里拿出常备的"创可贴"；中小学生天性活泼，李素丽总要提醒他们在车上要自觉维护公共秩序；外地乘客既怕上错车，又怕坐过站，李素丽不仅百问不烦，耐心帮他们指路，还记着到站提醒他们下车；遇到人生地不熟的乘客，李素丽从来不跟他们说"东西南北"，而是用"前后左右"指路，让乘客更容易理解；遇到堵车，她就拿出报纸、杂志给乘客看，以缓解他们焦急的心情；看到有人晕车或不舒服想吐，她会及时地送上一个塑料袋……

李素丽就在这平凡的岗位上，用自己日复一日的劳动，用真诚的笑脸、热情的话语、周到的服务和细致的关怀，给人们带来温暖。

李素丽售票台的抽屉里总是放着一个小棉垫，这是她为抱小孩的乘客准备的，有时车上人多，一时找不到座位，李素丽就拿出小棉垫垫在售票台上，让孩子坐在上面。她的售票台旁的车窗玻璃在进出站时总是敞开的。即使下大雨，她也要把车窗打开，伸出伞遮在上车前脱掉雨衣、收拢雨伞的乘客头上。李素丽习惯在车厢里穿行售票，尽管总是挤得一身汗，可她却说："辛苦我一个，方便众乘客。"

李素丽在自己的岗位上几十年如一日地认真负责地工作着，最终她成了这一行里的精英，收获了很多人爱戴，也受到了领导的肯定。如果我们想好好"敬业""爱业"，就应当像李素丽一样"干一行，爱一行"，承担起自己的责任来。

比尔·盖茨曾说过："人可以不伟大，但不可以没有责任心。"美国前总统亚伯拉罕·林肯也曾说过："每个人都应该有这样的信心：人所能负的责任，我必能负；人所不能负的责任，我亦能负。"

当有了责任心，我们才能在内心深处树立起敬业勤业的意识，才能时时将工作放在心上，并将它们落到实处。当工作中出现困难时，我们才不会退缩，勇于承担责任、积极去想办法从而推动工作继续向前。那时的我们没有借口，有的只是全身心投入的正能量，最终不仅给自己不断创造机会提升了自己的能力，还创造了成功的奇迹。

时刻让自己拥有一颗"责任之心"

松下幸之助说过："责任心是一个人成功的关键。"多一分责任，就会多一分成功。

在实际的工作和生活中，作为一名合格的员工，应该时刻拥有一颗"责任之心"。一个人如果养成了尽职尽责的好习惯，那就等于为未来的成功埋下了一粒种子。之后无论我们在做什么事情，都会受到责任心的驱使，始终坚持高标准、严要求，一丝不苟地去完成。长此以往，责任心这棵种子最终会成长为一棵参天大树。

责任：企业就是你的帆

一个企业管理者曾说过："如果你能真正钉好一枚纽扣，这应该比你缝制出一件粗制滥造的衣服更有价值。"负责的态度是每个优秀员工都应当具备的优秀品质。优秀员工无论做什么，都力求达到最佳境界，丝毫不会马虎。他们无论在什么岗位上，都会尽心尽力，从不疏忽大意，而平庸员工则恰恰相反。

汽车修理厂有两个师傅：一个技术全面、经验老到，却缺乏责任感；另一个虽然技术一般，但极为负责任。

有一次，一个老顾客将他的好几辆车都开过来检查、维修，千叮咛万嘱咐希望修理厂的领导能给他好好检查一下，因为过两天他要用到这几辆车去接几个很重要的客户，顺便和他们谈一项大业务。

于是，厂领导就安排了这两个师傅去完成这项工作，并叮嘱他们务必认真检查，及时发现问题，及时修好。

二人各自分了工：你负责两台，我负责两台。技术全面、经验老到的师傅粗粗地看了一遍，觉得没什么问题就急着下班走了，因为他还要去接孙女放学呢。而另一个师傅却认真负责地检查了一遍又一遍，他发现了一些小问题，如果不及时修好，随时可能会成为大问题。于是，他认真地将那两台车子修好了，修好后，他还不忘再检查一遍。

老顾客高兴地提着车走了。但是没过两天，他便给修理厂的领导打电话，其中有一辆车出了问题，结果耽误了他去接客户，客户认为自己对他们不重视，一气之下便不和他合作了。眼看着到手的大把钞票飞走了，顾客气不打一处来地全撒在了修理厂领导的身上，还要求他赔偿自己的损失。

经过调查发现，原来是那个缺乏责任感的师傅检查的车出了问题。领导生气地扣了他半年的工资来赔偿顾客的损失。

其实从这件事就可以看出，一个人的技术全面固然重要，但如果缺乏责任感或者不负责任，即使是做自己擅长的工作也会做得一塌糊涂。相反，如果是一个负责任并勇于承担的人，无论做什么都会事半功倍。所以说，责任有时胜于能力，质量不是检验出来的而是制造出来的，要保持积极、认真、负责的工作态度去做。即使你的技术能力有些不够，但只要你认真、负责地去完成工作就可以弥补这些不足。

我们经常会听到这样一句话："责任重于泰山。"责任感是一个员工最基本的能力，如果你缺乏责任感那么就可能发生一些意想不到的事故。

"对全世界来说，你是一个普通的工人。而对我来说，你就是全世界！"这不是莎士比亚笔下《罗密欧与朱丽叶》里的经典台词，而是一个父亲写给自己死去儿子的一句话。

儿子是一个普通的建筑工人，在一次脚手架坍塌的工程事故中，他和几个同事被砸了下来。别的同事都没事，就儿子一个人不幸死了。

沉浸在白发人送黑发人的悲痛中的老父亲欲哭无泪。后来，经有关部门调查发现其他的同事们都戴了安全帽，所以他们只受了一点点皮外伤，没有生命危险；而他的儿子因为没有责任意识，就没戴安全帽，结果付出了生命的代价。

这就是典型的缺乏责任感，没有责任心导致的严重后果。如果每个员工都有责任心，那么类似这样的建筑公司每年会少发生多少事故。"高高兴兴上班，平平安安回家”，这是多少企业贴在墙上的大标语。这其实就是一种责任。

做一个有责任心的员工，不光是对自己负责、对自己的生命负责，也是对家人、对亲人负责，更是对企业负责。因为当我们对别人负有责任的同时，别人也在为我们承担责任。

时刻让自己拥有一颗“责任之心”吧，做一个有责任心的员工，从小事做起，从身边的事做起。相信未来成功的你会感恩现在种下的这颗“责任之心”种子的自己。

勇于承担自己的责任

美国前总统伍德罗·威尔逊曾经说过：“责任感与机遇成正比。”在企业里，我们不要怕承担责任。如果你的领导总是把工作都丢给你去干，有事没事就让你去负责这个负责那个，这时你千万不要抱怨，相反，你应该感到庆幸，因为领导信任你，觉得你堪当一些责任重大的工作。

在《孟子》中有这么一段话：“故天将降大任于斯人也，必先苦其心志，劳其筋骨，饿其体肤，空乏其身，行拂乱其所为，所以动心忍性，曾益其所不能。"也就是说，一个人是否能取得更大的成功，必取决于这个人的承受能力，当受到一些考验之后，他才有能力承担起更大的责任。因为有了这种承担更大责任的能力，他才堪当大任，并做出一番事业来。所以，别害怕多承担责任，也别害怕多做事。

当老水手谈到海上的风暴时，尼古拉斯问学员们："假设你们就是水手，当你们的船行驶在海上，突然遇到风暴，而你们一时又找不到停靠的港湾，你们会怎么办呢？"一位学员想了想，回答说："我会立即返航，把船头掉转180°，尽量远离风暴圈，我想这应该是最安全的方法了。"

老水手听了直摇头："其实这样更危险，因为你的船不可能快到躲过风暴。掉头返航，风暴还是会追上你的船，你这么做反而延长了你和风暴接触的时间。谁都知道，在风暴圈中待的时间越长就越危险。"

另一位学员说："那么，我把船头向左或向右转90°，能不能偏离风暴圈呢？"

老水手还是摇头："还是不行，以船的侧面去面对风暴，增加了与风暴圈接触的面积，很容易翻船。"

学员们再也想不出别的方法了，于是问老水手："既然这些办法都不行，那么你会怎么做呢？"

老水手说："办法只有一个，就是稳住舵轮，让你的船头迎着风暴前进！只有这样才能尽量减少与风暴接触的面积，同时由于你的船与风暴相对行驶，两者的速度相加，可以缩短与风暴圈接触的时间。你很快就会冲出风暴圈，重新看到一个阳光明媚的蓝天。"

所以，知难而进，勇往直前，勇于承担自己的责任，才能让你历练得越来越优秀。

然而，在日常的生活和工作中，人们往往对承担责任怀有恐惧感，通常会将承担责任与接受惩罚联系在一起，万一做错了，就得承担责任接受处罚。《左传·宣公二年》中有云："人谁无过，过而能改，善莫大焉。"意思是一般人不是圣人和贤人，谁能不犯错？错了能够改正，没有比这更好的了。这句话告诉我们，当我们犯了错，发现错误的时候，我们不能逃避责任，应该勇于承担责任。

作为一个平凡的人，在做事的过程中难免会出错，重要的是如何在失误的时候去面对失误，对失误的态度，就可以衡量一个人的道德品行。是自己的责任就要全力承担责任，一定不要去推卸责任。

因为即使你逃避问题，问题也还是存在，等到事态严重时，你再想去承担，一是可能你已经承担不起了，二是你也失去了别人对你的信任。

曹操和袁绍在争夺北方霸权时打了一场有名的战役，那就是官渡之战。

战役初期，双方互有攻守，互有得失，一度陷入了僵持状态。为了保证战事能够继续下去，袁绍又派车运粮，并令淳于琼率兵万人护送，囤积在袁军大营以北约20公里的乌巢。恰在这时，袁绍谋士许攸投降曹操，建议曹操轻兵奇袭乌巢，烧其辎重。曹操立即付诸行动，留曹洪、荀攸守营垒，亲自率领步骑5000人，冒用袁军旗号，衔枚缚马口，每人带一束柴草，利用夜暗走小路偷袭乌巢。曹操到达后立即围攻放火。袁绍听说曹操袭击乌巢，又做出错误决定，只派部分兵力救援乌巢，用主力猛攻官渡曹军营垒。哪知曹营坚固，攻打不下来。当曹军急攻乌巢淳于琼营垒时，袁绍增援的部队已经逼近。曹操励士死战，大破袁军，杀淳于琼，并烧毁其全部粮草。乌巢粮草被烧的消息传到袁军前线，袁军军心动摇，内部分裂。曹军乘势出击，大败袁军。袁绍仓皇带800骑退回河北，曹军先后歼灭、坑杀袁军7万余人，官渡之战就这样以曹胜袁败而告终。在这场战争中，比较奇怪的是，驻守乌巢的将领淳于琼临战前喝得酩酊大醉，当曹军攻进来时还是神情恍惚，所以官渡之战，与这个淳于琼将军的玩忽职守实在有莫大干系。

工作是一件严肃的事情，一定要认真对待。当你在玩弄工作的时候，工作可能不会说什么，但是当工作玩弄你时，你想说什么都晚了，也许你的职业生涯就此完蛋了。不勇于承担责任，最后吃亏的只能是自己。所以，我们要学会承担责任，勇于承担责任，这样，我们才能在企业中立足，让别人看得起自己。

不为失败找借口，只为成功找方法

当遇到问题和困难的时候，你会选择怎么做？为失败找借口，还是为成功找方法？

在实际工作中，有太多的人喜欢找借口，甚至习惯了找借口。他们不愿意承认是自己的能力不足，不想面对失败，不肯费脑筋去克服困难。一个托词就能解决的问题，为什么要大费周章地寻找问题的症结所在，还要想到诸多的解决之策呢？

如果你真的有上面的一丝丝想法，那么你就一定成不了一名卓越的员工。因为一流的、卓越的员工，应该是能够主动去找方法解决问题的人，而不是只知道找借口逃避责任、找理由为失败辩解的人。因为他们相信凡事都会有办法解决，并且总有更好的方法。

作为香港地区首富，李嘉诚的名字可谓是家喻户晓。他之所以这么成功，就是源于他是一个"不为失败找借口，只为成功找方法"的解决问题的高手。李嘉诚有这么一句经典名言："'不可能'只存在于蠢人的字典里。"只有愚笨的人在面对问题的时候，才会表现得手足无措，只能将

"不可能"三个字挂在嘴边，而那些懂得凭借自身的努力去寻找解决之道的人最终往往能取得非凡的成就。

李嘉诚年幼丧父，他不得不告别自己心爱的学业，外出打工来维持整个家的生计。他的第一份工作是在一家小茶楼当跑堂。每天，他都要起早摸黑，给客人们倒茶、擦桌子、扫地，尽管忙得不可开交，他还是会在工作间隙，仔细留心观察别人是怎么做生意，怎么接待顾客，怎么成交生意的。

跑堂的工作固然辛苦，可要不是因为这段打工经历，李嘉诚也不会变得那么勤快能干，更不会具备察言观色的高超本领。而他从这份工作中收获的宝贵财富，对他日后从事的产品推销工作有着巨大的帮助。

我们都知道，没有吃苦耐劳的精神是干不好推销员这个工作的。毕竟推销员不是坐办公室的，他们需要在外面到处跑，和各式各样的人打交道。不过好在李嘉诚有过跑堂的经历，早就练就了一副好脚板，跑腿的活一点儿也难不倒他。

其实，对李嘉诚来说，最困难的并不是到处跑，而是想办法把手中的产品推销出去。

有一次，李嘉诚要推销一款镀锌铁桶，出公司前，他特地想了一下，怎么做才能在最短的时间内最大限度地提高自己的推销业绩。

就在别的推销员满世界乱跑时，李嘉诚突然灵光一闪，心想，一般老太太都喜欢串门聊天，如果她们觉得这款镀锌铁桶好，肯定会到街坊四邻去宣传，这样的话，只要他能顺利卖出一只，就等于成功卖出了一批。

心动不如行动，想到了好办法的李嘉诚，连忙跑到居民区专找老太太卖镀锌铁桶。果然不出所料，李嘉诚的巧妙推销，最后获得了事半功倍的效果。为此，李嘉诚还得出了如下的结论："做好一名推销员，一要勤勉，二要动脑。"

还有一次，李嘉诚去推销一种塑料洒水器，他连续拜访了好几家都无人问津。一天时间就这么过去了，但他一点收获都没有。

但李嘉诚始终没有放弃，他不断地给自己加油打气。第二天一大早，当他精神抖擞地走进一家办公楼时，发现有一名清洁工正在楼道打扫卫生，当时楼道里的灰尘特别多，于是李嘉诚赶紧拎着自己要推销的塑料洒水器，去了一趟洗手间，他往洒水器里装了一些水，然后趁着有职工经过的时候，顺势将水洒在楼道里。

经他这么一洒，原本灰尘满布的楼道一下子变得干净起来。正所谓，耳听为虚，眼见为实，越来越多前来上班的职工，在亲眼见了这款塑料洒水器的方便和实用之后，都爽快地接受了李嘉诚的另类推销。

如果我们也能像李嘉诚那样，在遇到困难时不先找借口，而是选择相信自己，相信很多困难都能被克服，那么我们一定会变得比现在更加出色。

不可否认，借口确实有很多好处。它可以让我们暂时逃避困难和责任，获得些许心理上的慰藉。但对于借口，比尔·盖茨曾说过这么一句话："一心想着享乐，又为享乐找借口，这就是怠惰。"借口的代价也无比高昂，它给我们带来的危害一点儿也不比其他任何恶习少。

我们知道，任何一种行为只要不断地重复，就会成为一种习惯。同样道理，任何一种思想只要不断地重复，也会成为一种习惯，进而影响潜意识，在不知不觉中改变你的行为。失败的人之所以一直会失败，就是因为他们已经养成了不断找借口的习惯，他们太善于找出种种借口来原谅自己，甚至让自己也深深地相信就是如此，才没有找到好的方法。

约翰是公司里的一位老员工，以前专门负责跑业务，深得上司的器重。但是有一次，他手里的一笔业务却被另一家公司的竞争对手抢走了，给公司造成了一定的损失。

事后，他合情合理地解释了失去这笔业务的原因。那是因为他的腿伤发作，比竞争对手迟到了半个小时。以后，每当公司要他出去联系有点儿棘手的业务时，他总是以他的脚不便，不能胜任这项工作为借口而推诿。

约翰的一只脚有点儿跛，那是在一次出差途中出了车祸造成的，留下了一点儿后遗症，其实这根本就不影响他的形象，也不影响他的工作。因为如果你不仔细看，是看不出来的。

但如果有比较好揽的业务时，他又跑到上司面前，说脚不便，要求在业务方面有所照顾。如此种种，他大部分的时间和精力都花在如何寻找更合理的借口上。碰到难办的业务能推就推，好办的差事能争就争。时间一长，他的业务成绩开始直线下滑，没有完成任务，他就怪他的脚不争气。

现在的他已习惯因脚的问题在公司里迟到、早退，甚至在吃工作餐时，他还能喝酒，因为喝酒可以让他的脚舒服一些。

有谁愿意要这样一个时时刻刻找借口而不去寻找问题的突破口的员工呢？最终，约翰被炒也是意料之中的事。

为了不让约翰的悲剧在我们身上重演，也为了自己有一个不后悔的人生，我们应该坚决树立"不拿借口当挡箭牌"的心态，在工作中，不论遇到什么困难，都能时刻提醒自己想尽一切办法去解决它，要知道一切困难都是纸老虎，只要你有一种不达目标决不罢休的精神。

一个能不折不扣地完成任务且不找任何借口的员工，一定会成为企业中优秀的员工。一个愿意努力找方法来解决职场中难题的员工，往往是企业最需要的员工，也一定会得到重视。一个员工能够在工作中主动找方法，用自己的智慧解决企业的问题，也就在主动思考中为自己铺就了一条通往成功的大道。

第五章
负责，让你的认真有价值

把每一件简单的事做好就是不简单，把每一件平凡的事做好就是不平凡。

——海尔集团董事局主席、首席执行官　张瑞敏

老板喜欢认真的员工

身在职场，相信很多人都希望老板能喜欢自己，欣赏自己或是能让自己成为老板身边的大红人，为老板所重用，而不希望自己是老板厌恶的或是想直接开除掉的员工。

有人认为老板只喜欢那些能力强的员工，其实不然。在一个关于"老板最喜欢怎样的员工"的调查中，针对"老板是喜欢聪明的员工，还是认真努力的员工"的问题选项里，后者的数据高出前者20%。也就是说，40%的老板喜欢聪明型的员工，60%的老板喜欢认真努力型的员工。

因为老板知道认真努力的员工对工作从来都不会挑三拣四，他们会用自己的生命去做事，他们深知对工作负责就是对自己负责，在工作中遇到问题他们绝不会敷衍了事，而是勇于承担自己的责任，想方设法去解决问题。

所以，如果你想得到老板的重用，想赢得升迁和加薪的机会，那么你只有认真工作这一条道路可走。可惜的是，在现实的工作中，有些员工不认真完成工作不说，还不反省自己的工作态度，整天应付工作。最终，他们失去了工作的动力，不能全身心地投入工作，当然，他们也不可能在工作中取得斐然的业绩，从而也就失去了升职和加薪的机会，甚至失去了工作。

让我们来看一下通用电气的前首席执行官杰克·韦尔奇是怎样对待那些不认真工作的员工的。

"每年，我们都要求GE公司的每家分公司为他们所有的高层管理人员分类排序，其基本构想就是强迫我们每个公司的领导对他们领导的团队进行区分。他们必须区分出：在他们的组织中，他们认为哪些人是属于最好的20%，哪些人是属于中间的70%，哪些人是属于最差的10%。如果他们的管理团队有20个人，那么我们就想知道，20%最好的四个和10%最差的两个都是谁，包括姓名、职位和薪金待遇。表现最差的员工通常必须走人。"

对韦尔奇的做法，戴尔公司董事长兼CEO迈克尔·戴尔也深有同感。当问到迈克尔解雇一名"最差"员工通常采用什么方法时，迈克尔回答说："动作要快，越快越好。如果有人持续表现欠佳，你可能以为等待会对他有利，那你就错了。实际上，你会把事情搞得更糟。"

由此可见，在职场中，认真工作的员工才最受老板喜爱，才最受企业欢迎。职场中提升最快的往往是那些工作认真、踏实肯干的人。而那些表现欠佳，应付工作的"最差"员工，也往往是公司最先考虑的辞退对象。

有人说，这样的老板太过于现实和绝情。试想，在如此激烈的市场竞争下，商场如战场，一个企业要想实现盈利，要想发展壮大，都和员工的认真、努力、踏实地工作是分不开的。老板作为企业的掌舵人，更要为全体员工负责。因为对于一个企业来说，拥有认真工作的优秀员工，企业的发展才能蒸蒸日上。如果一个企业内有太多的不认真工作的员工而不及时剔除的话，他们就会像一个烂苹果一样，迅速使箱子里的其他苹果也腐烂掉，而企业也就会被慢慢腐蚀掉。

王宁在一家电器销售公司做业务主管。由于公司的业务在不断拓展，公司需要建立一个网站。然而，这却愁坏了公司的老板。建立网站需要有对建设网站非常懂的技术人才，这好找。但是由于网站的栏目和内容设置又牵涉到公司大量的商业机密，要是找外面的人来设计，又怕出问题。

当他把这个想法告诉员工时，不少人都深知责任重大，找各种借口推掉了。看到老板一筹莫展的样子，王宁便自告奋勇地说："让我试试吧。"他想，在业务方面，通过几年的实战，自己已经有了丰富的经验；技术上的问题可能会麻烦一点，但只要多看一些计算机方面的书籍，多了解一些网站制作的知识，相信自己能够做好。老板抱着试试看的想法同意了。

接手之后，王宁一边学习计算机知识，一边整理商业销售资料。王宁的认真劲儿也突出地表现了出来。无论遇到什么困难，一旦不能马上解决，他就几天几夜不睡，非把它攻克不可。虽然项目推进得很慢，却在稳步前进中。

老板看到他那股拼劲儿，对他更加信任了，常常关切地和他说："别着急，慢慢来。网站的一切事情你看着办，不必请示汇报，放手一搏吧！"

经过一个多月的日夜奋战，网站终于建立起来，虽说不是那么完美，但公司总算有了自己的网站。老板对王宁大加赞赏，并提拔他做了公司的副总经理。

不要小看自己，认为自己只是一名普通员工，无论职位高低，只要你做事认真，老板都会看在眼里。就像故事中的王宁认为自己这样认真做事，为公司排忧解难才能对得起自己的良心，才能对得起付给自己工资的老板。要知道，企业不仅仅是老板的，也是众多员工的，大家都是因为共同的目标和相同的利益才结合在一起。所以，为了企业更好的发展，也为了我们事业上的成功，我们必须认真工作、努力工作，让认真的精神贯穿于我们工作的始终。

认真的员工可以为企业创造更多价值

作为一名员工，我们要经常这样问自己："我能为公司创造什么价值？我的价值能否对得起公司付给我的薪水？"而不是经常问："公司能为我创造什么价值？公司应该付我多少薪水？"

在招聘会上，老板之所以会聘用我们，是因为他觉得将我们留在企业里工作，能为企业创造一定的价值。

所以，认真的员工就会通过认真做事，真诚待人，以不断地努力工作、不断地提高自己的能力来让老板相信他那睿智的眼光。最终，他也让自己成为一名卓越的员工，成为老板的左膀右臂，为企业创造更多的价值。

而平庸的员工则会认为，毕竟又不是自己的家事，何必倾尽全力，给多少钱办多少事，反正多干少干也就那么点工资。他们还经常对公司的待遇感到不满，觉得公司对不起自己，认为自己应该拿更高的薪水。其实，当你对公司有价值时，你的价值才会被认可。

古代有个商人，他有三个仆人。有一次他要远行，就给这三个仆人按照能力的大小分配了不等的银两。他给第一个仆人发了10两银子，给第二个仆人发了5两银子，给第三个仆人只发了2两银子。

拿到10两银子的那个仆人很快又赚了10两银子。拿到5两银子的仆人也把银子用于经商，他赚了3两银子。拿到2两银子的仆人怕把商人的钱弄丢了，就到后院把这些钱偷偷地埋了起来。

过了一段时间，商人回来了。当拿到10两银子的仆人带着另外10两银子交给商人的时候，商人既开心又兴奋，并对第一个仆人说："你是一个对很多事情都充满自信的人，我会给你更多的任务。现在去享受你的奖励吧。"于是，他把仆人赚到的10两银子和10两银子的本钱都奖励给了这个仆人。

拿到5两银子的仆人拿着赚到的3两银子去见商人。商人说："你是对一件事情非常自信的人，我也会给你更多的任务，现在去享受你的奖励吧。"于是，第二个仆人获得了8两银子。

第三个仆人看见大家都分到了那么多钱，非常高兴地去见商人，并说："主人，你看这2两银子还在，我是个非常爱惜财富的人，我怕把钱弄丢了，就把钱埋了起来。"商人听后非常生气，他说："你是一个又懒又无能的人，我把钱交给你，你不能为我创造价值，也要存在票号里啊，以便我回来能拿到那份利息，而你却把钱埋在了地下，我对你失望透了。"说完，商人就把第三个仆人的2两银子收了回去，并把它们分给了前面的两个仆人。

在工作中，我们要把工作做到尽善尽美，为老板和企业创造更多的价值。一个不认真工作、只知道偷懒、没有任何价值的员工，对他而言，懒懒散散的工作态度使他对工作丧失了进取心，自身的潜能也就不能够得到充分的发挥，其自我价值根本无法实现，更别说获得能力的提升和成功的可能了；对公司而言，他无疑就是一个累赘，因为他只会浪费公司的钱财，阻碍公司的发展，甚至在某些时候给公司带来不必要的麻烦。当你不能再为企业创造价值的时候，也就是老板请你离开的时候。

认真的员工能够时刻想着为公司创造更大的价值，是一个对工作极为负责的人，他会在工作中时刻提醒自己努力做到最好，会想尽一切办法挖掘自己的潜力创造价值，为公司带来更大的效益。在这个过程中，他的能力得到了提升，也在无形中为自己增加了成功的砝码，同时还为自己创造了财富。

查理斯·施瓦伯出生在美国的一个小乡村里，只受过短期的学校教育。15岁那年，他就到一个山村做了马夫。3年后，他来到钢铁大王卡内基所属的一个建筑工地打工。

一踏进建筑工地，查理斯·施瓦伯就下定了要做同事中最优秀的人的决心。当其他人在抱怨工作辛苦、因薪水低而怠工的时候，查理斯·施瓦伯却默默地积累着工作经验，并自学建筑知识。某年夏天的一个晚上，查理斯·施瓦伯又像往常一样躲在角落里看书。正好被到工地检查工作的公司经理发现了，经理看了看查理斯·施瓦伯手中的书，又翻开了他的笔记本，什么也没说就走了。第二天，公司经理把查理斯·施瓦伯叫到办公室，问："你学那些东西干什么？"查理斯·施瓦伯说："我想我们公司并不缺少普通员工，缺少的是既有工作经验又有专业知识的技术人员或管理者，对吗？"经理点了点头。

在那些工人中，有一些人还不时讽刺、挖苦查理斯·施瓦伯。对此，查理斯·施瓦伯回答说："我不光是在为老板打工，更不单纯为了赚钱，我是在为自己的梦想打工，为自己的远大前途打工。我们只能在业绩中提升自己。我要使自己工作所产生的价值远远超过所得的薪水，只有这样我才能得到重用，才能获得机遇！"

不久，查理斯·施瓦伯就被提拔为技师。39岁时，查理斯·施瓦伯成了美国钢铁公司的总经理，年薪100万美元，他是美国历史上第一个年薪过百万美元的高级打工仔。而当时，一个人如果一周能挣到50美元，就已经非常不错了。

查尔斯·施瓦伯之所以能从一个普通的打工者成为年薪百万美元的成功者，是因为他深知只有认真努力地工作、学习，从而不断提升自己的能力，为企业创造更多的价值，这样他才能得到公司的重用。假若一个人没有这种观念，就会在工作中迷失自己，找不到人生的目标，最终葬送自己的前程。

绝不做"差不多"员工

世界上有一种人叫"完美主义者"。所谓的"完美主义者"是指那些事事过度追求完美的人。很多人觉得要想达到真正的完美是不太现实的，因为他们觉得"完美主义"其实就是虚幻的另一个代名词罢了。鉴于此，这些人虽然有着远大的目标，但是在具体实施时，却觉得追求完美目标的希望太过渺茫，转而觉得做事达到"差不多"的水平即可，殊不知，"差不多"最后就会变成"差很多"。

胡适先生笔下就有这样一位"差不多先生"。

有一位叫"差不多"的先生，平常看起来跟普通人并没有什么不同，也有一双眼睛，只是看东西不是很清楚，有两只耳朵，听得不是很分明，有鼻子和嘴，但对于气味和口味都不是很讲究。这位"差不多先生"的脑袋虽然不小，记性却很差，思想也不缜密。他人生的座右铭就是"凡事只要差不多就好了，何必太精明"。小时候，他妈妈叫他去买红糖，他却买了白糖回来。被骂了，他反而说："红糖和白糖不是差不多吗？"长大了，他在一个钱铺里做伙计，他会写，也会算，就是不认真，老是把"十"字写成"千"字，"千"字写成"十"字。掌柜的生气地骂他，他却笑嘻嘻地说："'千'字比'十'字只多一小撇，不是差不多吗？"他去搭火车，因为他走得太过从容，结果迟到了两分钟。火车已经开走了。他瞪着眼，摇头叹息："只能明天再走了，今天走和明天走，也还差不多。不过这火车公司也太认真了，早两分钟开和晚两分钟开，不是差不多吗？"

有一天，他得了一种急病，叫家人去请汪大夫。家人一时寻不着汪大夫，就把兽医王大夫找了来。"差不多先生"也知道他们找错了人，不过"有病乱投医"，管不了那么多了，心里还安慰自己："好在王大夫同汪大夫也差不多，让他试试看吧。"结果这位兽医用医牛的法子给"差不多先生"治病。不一会儿，"差不多先生"就一命呜呼了。

"差不多先生"差不多要死的时候，还断断续续地说："活人跟死人也差……差……差……不多……凡事只要……差……差……不多……就……好了，何……何……必……太……太认真呢？"话一说完，就断了气。

王大夫和汪大夫虽然同是医生，但是他们一个是给人医病的大夫，另一个是兽医，如果"差不多先生"能在意一点、认真一点，请对大夫，说不定就能救回自己的这条小命了。

事实上，在工作中，有太多的"差不多先生"存在，他们经常以"差不多""大概过得去""还行吧"等态度敷衍了事，最终却给自己的工作带来了无数的问题：产品送到客户手上，不是退货，就是索赔，使工厂失去客户，丢掉市场。所有的这些事情，你的老板心中有数，你的顾客心中也有数，久而久之，你终将失去上司、客户和同事的信任。

由此可见，"差不多"心理是要不得的，尤其是在工作中。我们一定要消灭"差不多"心理，不轻视任何一件小事。因为做工作需要的就是认认真真、实实在在，把该做的事情落实到位。

有一家公司花高价钱从德国引进了一批先进设备，德国工程师在安装调试的时候，发现有一颗螺丝钉歪歪扭扭地拧在了设备上，但是紧固度没有问题。而我们的工程师同样也发现了这个问题，但只是很大度地笑了笑，说："这有什么大不了的，所有的六角的螺丝紧固力度不可能都是一样的，差不多就行了。"德国工程师听了，不以为然地说道："不，虽然现在暂时没有出现任何问题，但是一旦投入使用，那就是人命关天的事情了，况且这个螺丝钉也没有按照规范的标准去安装，所以，我们必须重新拧一遍。"

后来，经调查发现是我们的安装工人在安装时出现了问题。在紧固这些大螺丝的时候，必须由两个人配合着一起做，一个人固定扳手，另一个人紧固螺丝。但是，我们的工人却是一个人紧固螺丝，另一个人在旁边休息。

德国人认真、严谨、细致，他们为追求完美而挑剔，为追求稳定而尖锐，他们的这种精神甚至到了令人难以忍受的程度。但正因这种追求完美极致的做事方式，使得德国人制造的产品极其精密，质量上佳，因而有了如今代表质量和百年传承的"德国制造"。德国人对品质的追求几乎达到了出神入化的境界。

虽然世界上不存在真正的完美，但是我们要有一颗追求完美的心，也就是绝不做"差不多"员工，抛弃"差不多"的工作态度，并迅速培养起自己严谨的品格，从而获得超凡的智慧，让自己从普通员工迈向优秀员工的行列，甚至更高的境界。

不能埋头，怎能出头

在非洲，有一种被称为"草中之王"的尖茅草，雨季来临的两三天便可长到一两米高，原来在此前长达半年的时间里，它的根系都在拼命埋头生长，可达25米。古人说："唯有埋头，乃能出头。"一个人要想在职场中变得光彩夺目就必须懂得先将头埋于泥土中潜心修炼。

然而，现如今是一个人人都在追求成功的时代。我们往往只能看到成功人士的光鲜一面，而其中的历练、积累、艰辛却鲜为人知。

成功不是命中注定，更不是一蹴而就。成功这杯酒，需要我们用埋头苦干作原料，用认真的态度作酒曲，用时间的力量去酿造。

1975年，高中毕业19岁的金志国被分配到青岛啤酒厂刷酒瓶。当时的高中文化水平不算低，所以他备感委屈，而且自己刷的酒瓶常被返工。

又一次被质检员指责后，他将酒瓶摔在地上说："我不伺候了！"眼看冲突就要爆发了，这时，一个老师傅急忙把他拉了过来，拿着瓶子问道："小金，你爹喝啤酒吗？"金志国肯定地回答了这个问题。"那好，你现在就要把瓶子刷好，因为它装的酒可能被你爹喝，你不希望他老人家喝那些用不干净的酒瓶装的酒吧？连这样简单的工作都做不好，谁相信你能做好别的事呢？"老师傅一边说一边认真地刷着酒瓶，给他做榜样。"目标再远，也要先从刷瓶子开始。"老师傅的话，一直激励着金志国。从此，金志国的态度发生了明显的转变，而且他刷的瓶子再也没被返工过。与此同时，他还琢磨着怎样刷能把瓶子刷得又快又好。

经过不断地埋头研究、不断地成长，最终他担任了青岛啤酒总裁、董事长。"不积跬步，无以至千里；不积小流，无以成江海"的千年古训，至今仍是至理名言。小酒瓶蕴含奋发的大智慧。

就在当选青岛啤酒董事长的那一天，金志国向员工讲起了当年的经历："我的目标，就是从刷瓶子开始的。我做洗瓶工的那段日子，非常快乐，高效创造让一排排啤酒瓶摆放整齐、各就各位的'神话'。"继而，他幽默地说，"我这董事长没有什么特长，就是刷瓶，认认真真地刷瓶。从今天起，我要把青岛啤酒这个瓶刷得比别人家的酒瓶都干净、都漂亮。

当然，这需要大家把自己手里的瓶子也都刷得干净和漂亮。"

其实，刷酒瓶是一项简单的工作。周而复始，往返循环，让不少人产生厌倦心理。而金志国却凭着这种埋头把瓶子刷好的精神，成就了自己，实现了自己的价值。

人在职场，很多人喜欢把自己看得很重，但这样往往会摔得更惨。也有不少人因为羡慕别人的成功而使自己变得急功近利，或是怀疑自己的资质而变得自怨自艾。与其如此，不如沉下心来，埋下头去，认真地磨炼基本功，当你把书本中或是别人的能力转变成自己的能力时，便不怕没有出头之日。

腾飞之前，更需要伏地。埋头苦干不是甘于现状，而是为更大的发展做积累。从基层工作做起，更能了解一个组织的实际运作模式。一个从基层提拔上来的领导，往往更懂得基层所想所做，能够更有效地带领整个团队进步。

要想出头，应先埋头。每种财富都有一个"潜伏期"，只要你能沉下心去等待。成功没有捷径，能够耐得住寂寞，才更有机会领略巅峰的风景。

智商≠能力，认真胜于能力

曾有人对高智商的人群（即智商通常在140以上的俗称"天才"的人）进行跟踪调查，结果显示，这些天才长大后并没有获得如研究者期望的伟大成就，大多数的天才只是循规蹈矩地活着，在普通的公司上班，在正常的轨道上生活，有的甚至还在杂货店打工或从事体力劳动。而追踪者发现，相比天才而言，那些智商处于中上等，徘徊在110~130的人们，获得成功的概率更高。由此可以得出，"智商与成就并无太大关系"。

有心理学家在关于成功因素的调查中发现，决定一个人成功的因素中，智力因素只占20%，而是否具备认真品质的非智力因素则占到80%。虽然这些人没有过人的天资，但是他们懂得认真努力，他们懂得笨鸟先飞，他们懂得不耻下问，最终在不断地成长中变得愈加强大。

杜邦公司创始人伊雷尔是个个子不高、相貌平平的人，但他在学习和工作中却有股近乎痴迷的专注劲儿。小时候在法国，家境还很宽裕的时候，他受拉瓦锡的影响，对化学着了迷。那时候他父亲皮埃尔是路易十六王朝的商业总监，兼有贵族身份，谁也想不到这个家庭在未来的法国大革命中会险遭灭顶之灾。拉瓦锡和皮埃尔在谈论化学知识的时候，小伊雷尔稳稳当当地坐在旁边，竖起耳朵听着。他对"肥料爆炸"的事尤其感兴趣。拉瓦锡喜欢这个安安静静的孩子，把他带到自己主管的皇家火药厂玩，教他配制当时世界上质量最好的火药。

若干年后，他们全家人为了逃脱法国大革命的血雨腥风，漂洋过海来到美国。他的父亲在新大陆上尝试过七种商业计划——倒卖土地、货运、走私黄金……但全部失败了。在全家人垂头丧气的时候，年轻的伊雷尔苦苦思索着振兴家业的良策。他意识到，目前战火连绵，盗匪猖獗，从事商品流通有很大的风险，与其这样，倒不如创办自己的实业。但是有什么可以生产的呢？这个问题一直萦绕在他的脑海里。有一天，他与美国陆军上校路易斯·特萨德到郊外打猎，他的枪哑了三次，而上校的枪一扣扳机就响。上校说："你应该用英国的火药粉，美国的太差劲。"一句话使伊雷尔茅塞顿开。他想："在战乱期间，世界上最需要的不就是火药吗？在这方面，我是有优势的，向拉瓦锡学到的知识会让我成为美国最好的火药商。"后来，他就靠着这股认真劲，克服了许多困难，把火药厂办了起来，并办成了举世闻名的杜邦公司。

而伊雷尔的哥哥维克多是个截然相反的人，他可以说是一表人才，而且口齿伶俐、思维敏捷、身材挺拔、相貌英俊，外表上简直没什么缺点。他是一个社交明星，给每个人留下的第一印象都是完美的。但是熟悉他的人知道，他从来就没有认认真真地办过一件事，就是答应别人的事，他也可能会忘掉。他仅仅是个吃喝玩乐的专家。如果派他外出考察，他回来后拿不出多少有价值的商业情报，却能绘声绘色地描述旅途中的美味佳肴和美女。伊雷尔做火药买卖时，维克多在纽约给他做代理。维克多凭社交手腕发展了一些客户，但是其中一位——拿破仑的弟弟杰罗姆，一位花花公子，却毁了他。在纵欲无度、花天酒地的生活中，他们俩很投缘，只要杰罗姆缺钱，维克多就慷慨地掏腰包。正是杰罗姆的一笔笔巨额借款，导致维克多的贸易公司最终破产了。

智商高的人，总是自以为自己比别人聪明，从而不肯脚踏实地地去努力，勤勤恳恳地去工作，而是靠着吃高智商的老本，幻想着能一步登天，轻松走上成功的道路。要知道，聪明反被聪明误，他们白白浪费了自己的人生，荒废了自己的才华，最后只会落得一事无成的结局。

不少人认为，只要我有能力，能力足够强，就不怕没有好的职业机会。但能力也是要靠认真获得的，一个人智商再高、天赋再强，如果不认真做事，那么他也会变得非常平庸。

相传，从前有一个以认真著称的将军，死后上了天堂。

有一天，上帝带他去人间巡视，路上，他看到了一个年迈的修鞋匠。这位老鞋匠看上去满脸沧桑，皱纹已经覆盖了他的整个脸庞，眼睛也是那样的无精打采。即使年纪那么大了，他还是得早出晚归地辛劳工作着。

上帝看到将军对老鞋匠充满了怜悯，就对将军说："本来他也能像你一样，成为一名优秀的将军的，但就是因为年轻时他自作聪明，不肯认真干活，最终只能一辈子做一个鞋匠了。"

不要认为这只是一个故事罢了！我们是否还记得北宋文学家王安石笔

下的《伤仲永》。那个智商极高、天赋过人的孩子，后来因为被父亲带去各处表演，结果荒废了学业，最后沦落成了一个极其平凡的人。

　　在社会发展越来越快，市场竞争越来越激烈的今天，企业对人的能力和素质提出了更高的要求。所以，不管你的资质多么高，见识多么广，文凭多么硬，要出人头地你就得一步一个脚印，认真踏实地去工作。人，千万不要自作聪明，也千万不要以为自己是天才，总抱着"高人一头"的自负心理。其实，那些被称作天才的人，都是靠着认真努力地工作、学习来成就自己的伟大的。

　　一个人无论智商高低，在工作中，要时刻谨记，认真胜于能力，用认真的心态去工作，这样才能充分地发挥出自己的潜能，从而为企业创造出更多的财富，为自己赢得更好的发展机会。

认真做事，让你的能力急速飙升

　　当老板交给你一项比较复杂的工作或是给你超量的工作时，你会怎么想，会怎么做？很多人会认为那是老板故意刁难自己或是觉得老板在"压榨"自己。虽然表面上你接受了，但是内心里却是千万个不愿意，最后马马虎虎地把工作做完就上交给老板。其实，这样做你是在浪费机会。正所谓，机不可失，时不再来。

老板把诸多工作交给你来做，这是他对你的一种信任，当然这也是你提升能力的大好机会，因为在你认真去做一项你不擅长或是繁杂的工作时，你就会遇到各种各样的问题，你的能力就会在解决问题的过程中得到不断的锻炼和提高。

松下幸之助曾说过这么一句话："工作就是不断发现问题，分析问题，最终解决问题的一个过程。晋升之门将永远为那些随时解决问题的人敞开着。"所以，当你有计划、有步骤地认真把每件事情都做好，就一定能取得意想不到的好结果。

一位在澳大利亚留学的中国留学生，在刚到澳大利亚的时候，为了减轻学费负担，他想在业余时间找一份兼职做一做。于是，他骑着一辆破旧的自行车沿着环澳公路走了好几天，替人放羊、割草、收庄稼、洗碗……有时只要能给一口饭吃，他就会暂时停下疲惫的脚步。

一天，在唐人街一家餐馆打工的他，无意中看到报纸上刊登的澳洲电信公司的招聘启事。留学生担心自己的英语不地道，专业不对口，他就选择了应聘线路监控员的职位。

在一番过关斩将的激烈竞争后，终于只剩下了他一个人，眼看他就要得到那个年薪3万澳元的职位了，不想招聘主管却出人意料地问他："你有车吗？你会开车吗？我们这份工作需要时常外出，没有车寸步难行。"要知道，在澳大利亚的公民普遍拥有私家车，可这位留学生初来乍到还真是无车一族。为了争取到这个极具诱惑力的工作，他不假思索地回答：

"有！会！""那好，四天后，开着你的车来上班吧！"主管说。

四天之内要买车、学车，谈何容易，但为了生存，留学生豁出去了。他在华人朋友那里借了一些钱，从旧车市场买了一辆"甲壳虫"，就开始认真地操练起来了。

第一天，他跟华人朋友学了简单的驾驶技术。第二天，他在朋友屋后的那块大草坪上模拟练习。第三天，他就开着车上了公路。第四天，他居然驾车去公司报到了。

时至今日，他已是这家公司的业务主管了。

假设故事中的中国留学生觉得自己没有能力、没有车，就放弃了这个职位，那么估计以后他也不一定能学会开车，也不一定能买得上车，更不可能最后成为业务主管。

如果你在做每件工作时都认真地去做，而不是将心思放在自己的利益得失上：工资和付出不对等，公司给的员工福利太少，等等，那么不久之后，你便会发现自己的能力在不知不觉中得到了极大的提升。因为在工作的过程中，你会不断地意识到自己的不足，并认真地加以改进，你的能力自然而然就得到了提升。

其实，相较于你的现时利益来说，能力的提高显然更加重要，因为一旦你有了这个能力，它就不容易被丢失，也不会被别人偷走。当你将工作视为一种积极的学习经验，那么，每项工作中都会包含你的个人成长的机会。根据成功者的经验证明：付出世界上最多的辛苦，才能获得世界上最大的幸福。要想获得最大的成就，必须认真工作、努力奋斗。

美国某教授有两个十分优秀的学生。两个学生的兴趣和爱好很相似，对于刚刚毕业的他们来说，找个有发展潜力的工作是轻而易举的事情。当时，教授的朋友创办了一家小型公司，委托教授为他物色一个适当的人选做助理。教授便建议他的这两个学生去试试看。

第一个前去应聘的学生名叫墨尔，面谈结束几天后，他打电话给教授："您的朋友太苛刻了，他居然每个月只肯给600美元的工资，我才不去呢！现在，我已经在另外一家公司上班了，月薪800美元。"

教授的第二个学生尼克也去应聘了，尽管公司开出的薪水也是600美元，他也有更多赚钱的机会，但是他欣然接受了这份工作。当他将这个决定告诉教授时，教授问他："如此低的薪水，你不觉得太吃亏了吗？"

尼克说："我当然想赚更多的钱，但是我对您朋友的印象十分深刻，我喜欢这家公司，我觉得只要从他那里多学到一些本领，薪水低一些也是值得的。从长远的眼光来看，我在那里工作将会更有前途。"

那是多年前的事情了。墨尔当时在另一家公司的薪水是年薪9600美元，目前他也只能赚到11000美元，而最初年薪只有7200美元的尼克，现在的固定年薪是25000美元，还外加红利。

任何优秀的领导和员工都是从一名职场菜鸟开始的。在激烈的竞争下，在压力的压迫下，在困难的围堵下，最终通过自己的认真努力，克服种种困难，出色地完成任务，让自己的能力也得以飙升。

不管你今后接受的工作多么艰巨，你都要以处变不惊的态度去勇于接受，只要你认真去做，就没有完不成的工作，当你具备了独挑大梁的能力时，你就是职场的胜者。

第六章

负责，让执行到位

如果不能被付诸实施的话，再周密的计划也一文不值。

——强生公司总裁　拉尔夫·拉尔森

有了想法，就要立即执行

相信很多人都有过曾让自己激动不已，甚至导致自己夜不能寐的想法的时候，但是大多数人的做法往往是"晚上想想千条路，早上起来走原路"。

在企业中，也不乏这样的人，虽然他们才华出众、志向高远，但是一辈子却只能在那个平凡的岗位上庸庸碌碌地忙活着，而得不到自己想要的，实现不了自己的目标。那么，究竟是什么原因呢？其实，答案非常简单，他们缺乏立即执行的勇气。

小辉大学时学的是计算机专业，但他却一直都不喜欢这个专业。他想自己开店当老板。迫于家里的压力，小辉只好先到家里人给安排的一家互联网公司去工作。但是每天他都是做一天和尚撞一天钟，工作没有一点热情。

随着工作无聊程度的升级，小辉想开店当老板的心愿就变得越来越迫切！终于有一天，他背着家里人偷偷地写好了辞呈，打算月底就交给领导！

他知道有想法就要马上去执行，不然就没有实现的可能了！于是，他开始为自己的想法做起了准备，说干就干！然而，他遇到的第一个问题就是资金问题，租房子、批发商品、雇佣员工，哪一项都需要钱。

家里人本来就不同意自己开店，所以这条资金筹措的渠道是彻底堵死了！自己上班本来就在试用期，工资不高，除了平时的吃穿用度也剩不下多少钱了！问朋友借？碍于面子，他开不了口。想到这儿，他就头疼。于是，他决定先去一个当小老板的同学那里取取经。

当他到朋友店里时才发现他正忙得底朝天呢！都没时间和他闲谈两句，这一忙就忙到了晚上十点多。同学特别不好意思地对小辉说："实在不好意思，最近太忙了，都没顾上和你好好说两句。还让你帮忙干了不少活！走，我请你晚上好好吃一顿！"说实话，自己干都得这么拼命完全超出了小辉的预期！原来当老板要想要做的事情那么多，要克服的困难也那么多！

最终，小辉退却了！他偷偷地撕掉了那张辞职信，继续干着自己不喜欢的工作。

没有想法的人不会成功，但只有想法却没有行动的人，也不会有任何成就！小辉就是这么一个人，所以他注定只能庸庸碌碌一辈子。所有通往成功的路上都不会是一帆风顺的，不要害怕，只有将你的想法化作行动，静下心来踏踏实实地执行，即使遇到困难，也要想尽方法去努力执行，如此你的愿望才有达成的可能，否则想法永远是想法。

让我们先来看看张亮是如何让想法照进现实的吧！

张亮出生在一个普通家庭。1992年高考落榜后，为了减轻家里的负担，他开始到处找工作。然而，他的求职之旅并不是很顺利。无奈之下，他只好选择做一些临时工：他做过送水工，做过保安，还打过小工！

颓废了一年之后，有一天躺在床上的他翻来覆去地睡不着，这样的生活并不是自己想要的。他不能再这样下去了！张亮突然想起上学时自己曾有一个梦想，那便是想成为一名优秀的记者！于是，他决定重拾梦想。想到这儿，他有些激动，他拿出了一个小本子，写下来这个"大计"。

第二天一早，他便通过各种渠道去打听各大报社的招聘信息。他知道凭自己现在的能力还不足以成为一名记者，更别说是一名优秀的记者了！但是，他要让自己先融入这个圈子，接触到这方面的人，所以不管什么工作，他都会接！刚好一家报社要招收一名临时的勤杂工，幸运的是，张亮被录用了！

接着，为了提高自己的专业素养，张亮报了一个函授大专课程，专门学习中文专业！对于这个来之不易的学习机会，张亮很是珍惜。一边工作一边读书的他，为了跟上老师的学习进度，严重压缩了睡觉时间，拼命学习。虽然累，但是他感到自己是幸福的，因为他在一步步朝着自己的目标努力着。

张亮尽心尽力地做好本职工作，而且还热心地给报社里的记者提供帮助，比如复印、打印文字等，报社的人都很喜欢这个憨厚的男人。渐渐地，他从一个临时工变成了一个长期工，而社领导也不再让他干勤杂工的活了。因为随着张亮对报社的所有业务的渐渐熟悉，领导觉得这是一个有上进心且勤奋的小伙子，应该给他更多的历练。

最终，张亮实现了自己的梦想，成了一名优秀的记者。在优秀记者表彰大会上，他动容地说道："当你有了想法的时候，而且那个想法会让你激动不已的话，请一定要行动起来去做一做，因为你做了就有成功的可能，不做是绝对不会成功的。"

是呀，有想法就要去行动，哪怕最终失败也不后悔，不行动只会让你产生惰性，从而会让你丧失机会。

其实，很多人都和张亮一样，渴望在职场上获得成功，但是他们总是光说不练或遇事拖沓，有了想法却缺乏行动的勇气，面对困难他们只会选择逃避、消极怠工或抱怨。殊不知，优秀的员工都是有着超强的执行力的，他们不会在犹豫、等待中错失良机，而是积极行动起来，拼尽全力去执行，最终他们收获了辉煌的成就。

都说，理想很丰满，现实很骨感。要实现丰满的理想，就要做好一定的思想准备，因为现实达到理想的路途并非一帆风顺。也就是说，这里所说的执行，并不是盲目地执行或乱执行，要按部就班，踏踏实实地执行；也不是所有的想法都要去执行，挑一两个你最想实现的且具有一定可行性的想法去执行，而不是在很多想法面前，今天这儿一榔头，明天那儿一锤子，这就像挖井一样，挖几下发现没水就换个地方挖，这样无论你挖了多少口井都是出不了水的。

试着做一个积极主动、迎难而上的人，当你有了想法的时候，就好好去做吧，说不定它会为你开启一个不一样的职场和人生。

执行最忌讳只做表面功夫

啄木鸟妈妈每天都要在树木中捉出许多蛀虫，是大名鼎鼎的森林卫士。

一天，啄木鸟妈妈对小啄木鸟说："你已经学会了为大树治病的本领，以后山坡上的这片树木就由你来管理，一定要尽心尽力为树木治病哦。"

小啄木鸟十分高兴地接受了任务，开始忙碌起来，它用坚硬的嘴巴啄着树木，发出"笃笃笃"的声音。

过了些日子，啄木鸟妈妈来看望孩子。小啄木鸟高兴地说："妈妈，我已经把这里的树木都检查了一遍，凡是有蛀虫的，我都已经啄开树皮，把它们消灭了。"

检查了小啄木鸟啄过的树木后，啄木鸟妈妈说："孩子，你只是捕捉了一些树皮下好捉的蛀虫而已，那些已经进入树木深处的蛀虫却没有捉住啊！"

小啄木鸟说："捉树木深处的蛀虫，得啄很深的洞，太费劲了。再说就那么几条蛀虫，没什么大不了的。"

啄木鸟妈妈语重心长地说："你要是不把蛀虫全部消灭掉，它们就会大量繁殖，那么你之前做的工作都会变成白费，当然这样也给树木留下了后患。你不能贪图省力，只做表面功夫啊！"

小啄木鸟听了妈妈的话，顿时觉得十分惭愧，于是抓紧时间给树木进行彻底治疗，把躲藏在深处的蛀虫一一挖出来。尽管十分劳累，但它却感到很快乐，"笃笃笃"的啄木声越来越响亮。

职场中不乏像小啄木鸟一样的人存在，虽然他们表面功夫做得不错，但是由于他们没有认真地去做，对工作不用心，虽然看上去貌似把工作做完了，实则一塌糊涂，和没做一样。白白浪费时间和精力不说，还浪费了别人的感情，因为有时候有些工作是需要团队人员相互协作完成的，他这边做得疏忽大意，却给后面的人留了更多的麻烦和问题，让其他人更不好做。

然而，有一些员工觉得要想升职快，就得会做表面功夫。那么，什么是表面功夫呢？表面功夫就是指做事只注重形式，不在点子上，内容华而不实。为人也是当面一套，背后一套。他们在老板在和不在的时候，是完全两套做法。老板在时，做事规规矩矩；老板不在时，则变得松松垮垮，消极怠工。他们已然将自己的心思全身心地放在老板身上，而不是放在自己的工作上。工作不努力，却学会了偷奸耍滑，学会了投机取巧，以为老板都不知道自己占了多少便宜，殊不知，他们这么做，老板心里跟明镜似的。

有一个公司里的一群年轻人都在忙着各自的工作。

里面有两个技术员——小王和小李，他们的工作能力都不错，主管考虑将其中一个升为组长。经过一段时间的考察，小王升职了，对此，小李很是不满。

于是，他找到主管问道："为什么是小王？我每天和小王一样努力工作，我觉得自己每天都做得很好啊，为什么我不能得到升迁？"

主管没有正面回答他，只是说："这是公司的决定，下次你也是有机会的。"

但是，小李不依不饶，觉得自己为公司付出了那么多，到头来居然连个升职都轮不上。

无奈，主管只好告诉他公司的考虑："你和小王都很不错，不过小王更细心，你则更注重表面，每次我去'监工'的时候，你都表现得特别勤奋。而我每次指出问题时，小王都能当面解决。"

小李默默地站着。

主管继续说道："那些问题我提过很多次，你每次还是会犯错，就算我在的时候，你当时解决了，但下次依然会再犯。而小王却不一样，他总能在我发现问题之前，就交一份满意的工作结果给我。"

这时，小李才恍然大悟，原来公司里的大小事，无论你做得怎么样，都瞒不过主管的眼睛。

很多人渴望获得成功，希望领导能看到自己的努力，但是他们的功利心盖过了努力心，遇事只知道投机取巧，而不愿意付出相应的努力，最终被表面功夫蒙住了努力的脚步。

一个最重要的原因在于他们习惯于投机取巧，不愿意付出与成功相应的努力。他们希望到达辉煌的巅峰，却不愿意经过艰难的跋涉；他们渴望取得胜利，却不愿意做出牺牲。投机取巧是一种普遍的社会心态，成功者的秘诀就在于他们能够超越这种心态。

有这样一个故事：一个人看见一只幼蝶在茧中拼命挣扎了很久，觉得它太辛苦了，出于怜悯，就用剪刀小心翼翼地将茧剪掉了一些，让它轻易地爬了出来，然而不久这只幼蝶竟然死掉了。幼蝶在茧中挣扎是生命过程中不可缺少的一部分，是为了让身体更加结实、让翅膀更加有力，而这种投机取巧的方法只会让其丧失生存和飞翔的能力。

执行最忌讳只做表面功夫。为了对自己负责、对公司负责、对老板负责，请脚踏实地地去执行，杜绝投机取巧的心理。

敷衍地执行，不如不执行

什么是执行力？

执行力就是执行并完成任务的能力，它也是执行并实现企业既定战略目标的能力。

执行力就是一种把想法变成行动，把行动变成结果，从而保质保量完成任务的能力。其实把执行力归纳为一个字，那就是"做"。

ABB公司名誉主席巴尼维克曾经说过这么一句话："企业的成功是5%的战略加95%的执行。"由此可见，执行力是多么重要。执行能力的强弱，因人而异，同样一件事情不同的人去做，往往会产生不同的结果。

美国的西点军校堪称世界各国军事院校的楷模，他们在自己的招生要求里明确写着"拒收那种只说不做的人"，即使这种人也许有很多好的想法，但他们缺乏最基本的执行力。执行力一直是西点军校的行动准则，从西点军校毕业的学员无一不是果决的人，不论是对上级的安排还是自己心中的想法，都能在第一时间去执行，而且绝对没有敷衍的情况，总是能执行到位。

一个总是在构想而不去行动或是敷衍执行的人是注定无法取得胜利的人。只有具有强大执行力的人，才能成为真正的主宰者！

皮埃尔·博雷加德是西点军校的毕业生，和其他的西点军人一样，他浑身都流淌着勇敢、坚毅与雷厉风行的血液。

美国南北战争期间，博雷加德投身南方阵营，在北弗吉尼亚被任命为约瑟夫·约翰斯顿的副手。当时，战争已进入白热化状态，而博雷加德发现与约翰斯顿对战的正是自己的朋友欧文·麦克道尔。

博雷加德对麦克道尔非常了解，深知他虽然有军事才能，但做事犹豫不决，常常把战事想得过于复杂，谋定战略也常常会思前想后，拖沓不定。而博雷加德与他刚好相反，博雷加德向来都是谋定好作战方案后就立即行动，先发制人，以取得作战先机。

1861年7月，博雷加德率领的大军突然发动战争攻势，打了对方一个措手不及，等到麦克道尔回过神来反击之时，博雷加德已经冲进军营，麦克道尔之前制订的作战方案因对方这一突袭而作废。在此后的交战中，麦克道尔更是节节败退，最终博雷加德赢得了第一次马纳沙斯之役，取得了内战第一场大战役的胜利。

后来有人评价这场战役时说，若论军事才能，博雷加德是远远不及麦克道尔的，然而，作为一名军事统帅纵有满腹经纶、滔滔雄辩也不及提枪上马、真刀实干来得实际，麦克道尔的谋略缺乏执行力。

强生公司总裁拉尔夫·拉尔森表示："如果不能被付诸实施的话，再周密的计划也一文不值。"说得好不如做得好！做得好就得执行得好。

当你接受一项任务时，就意味着做出了承诺，即使完成不了，也不能敷衍地去执行。在执行的过程中，多少会遇到各种艰辛和困难，只要你全力以赴地去做，就一定能保质保量地完成任务。

其实，那些勇于向"不可能完成"的任务挑战的人，才是真正的勇士，他们是最优秀的执行者，他们也是最容易成功的人。是的，成功只属于那些用行动证明"我可以"的人。

很多年前，汽车大王亨利·福特想要制造V－8汽缸的引擎（发动机）。于是，他把这个任务下达下去，让工程师们去设计。

图纸是设计出来了，但工程师们一致对福特说："8个汽缸放在一起的引擎，是根本不可能生产出来的。"然而，福特并没有听从设计师的意见，也不顾他们的反对，而是要求他们放手去做就是了。

过了一段时间，工程师们还是觉得无从下手，他们对福特说："造8个汽缸的引擎是不可能的。"福特还是没有理会他们的反对意见，对他们说："天下就没有办不到的事情，只要你们用心去做，就一定会做出来。你们只管动手去做吧。"可是，那些工程师还在坚持反对："那真的是不可能做得到的！"

福特生气了，他大声地说："你们现在就给我动手做，不管花多少时间，都必须做出来。"工程师们只好不情愿地着手去做。

半年过去了，没有任何动静；一年过去了，Ｖ－8汽缸引擎的影子还是没见着。工程师们已经想尽了一切办法，还是没有成功，看来8缸引擎是不可能造出来了。但迫于福特的压力，他们不得不继续想办法去做。又过了一年，还是没有任何结果。他们认为不得不放弃了，便对福特说："那根本是不可能的，我们确实已经想尽一切办法了。"这次，福特非常生气："我要8个气缸的引擎，你们必须给我造出来！"

快被逼疯了的工程师们只好再回去想办法。功夫不负有心人，不久他们便想到了办法，Ｖ－8汽缸引擎终于被制造出来了。

事实证明，很少有真正不可能完成的事情，很多事情只是被人为地"夸大"了难度而已。任何事，只要你努力去做了，就有成功的可能。

很多人没有完成任务是因为他们提前预设了这个事情很难，直接将"有难度"和"不可能"画上了等号。也就是因为这样，才让他们有敷衍了事的借口，做不好便将"不可能"搬出来当挡箭牌。然而，要知道不断重复"根本不能完成"的念头只会让我们真的不能完美地完成任务。

比尔·盖茨说："没有执行力，就没有竞争力。"所以，要想让自己成为一个有竞争力的人，执行力不可或缺，而且要实现完美地执行，因为敷衍地执行，不但达不到要求，有可能还会给修正之前的错误增添更多的劳力、物力和财力，既然这样，还不如不执行。

执行，没有借口

"工作无借口"，这是西点军校建校两百多年来所奉行的最重要的行为准则之一，而且每个西点学员都被强化这样一个概念：每个人，尤其是军人，都应想尽一切办法去完成任何一项任务，而不是当任务没有完成时去寻找借口，即使这个借口非常合理。

1881年毕业于西点军校的安德鲁·罗文，弗吉尼亚人，作为一名军人，他与陆军情报局一起完成了一项非常重要的军事任务——把信送给加西亚。也因此，安德普·罗文被授予了杰出军人勋章。

美西战争爆发后，美国必须立即与西班牙的反抗军首领加西亚取得联系。当时，加西亚正在古巴丛林的山林执行某一任务，而且没有人知道确切的地点，因此，美国军方根本无法将信件带给他。然而，此时美国军情十分紧张，总统必须尽快与加西亚取得联系，并与他联手。可是，谁也找不到他，怎么办呢？这时，有人对总统说："有一个名叫罗文的人，有办法找到加西亚，也只有他才能找得到。"

于是，他们找来罗文，并将信件交给了他。罗文拿了信，把它装进一个油布制的袋里，封好，吊在胸口，划着一艘小船出发了。四天之后的一个夜里，罗文在古巴上了岸，然后消失在了丛林之中。三个星期后，罗文从古巴岛的另一边走了出来，徒步向那个危机四伏的国家走去，并顺利地将那封信交给了加西亚。

也许，这些细节并不是重点，重点是：麦金利总统把一封写给加西亚的信交给了罗文，而罗文接过信之后，并没有问任何问题，也没有抱怨这个任务不可能完成，他只是接受了命令并且尽自己的一切努力将任务顺利完成了。

罗文的事迹最后被记载在了《致加西亚的信》中，他的事迹也通过这本小册子传遍了全世界，并成为没有任何借口的典型。

在职场中，一个不找借口的员工一定是一个优秀的、执行力极强的员工。对于公司的领导来说，他们也希望自己的员工是能够解决问题的，而不是遇到问题只会逃避，找借口，甚至直接把问题交到自己这里。

喜欢找借口的人，不会立即去行动，也不会尽自己的全力去工作，因为他们的精力都放在了找借口上面，尽力让自己找的借口有说服力。当一个人在找借口时，他其实也是在推卸责任，好让自己免于责罚。久而久之，当你养成习惯时，凡事你都会为自己的不努力、不认真先找好借口，试想，哪个老板会愿意要这样的员工，那么你离被炒鱿鱼也就不远了。

王涛是一家电器公司的高级工程师，虽然他很有能力，却有一个缺点，那就是喜欢找借口和抱怨，所以在高级工程师这个职位上待了10年的他一直未得到进一步的晋升。

有一次，公司给客户安装新音响的过程中遇到了难题——要在一段长32米、直径只有3厘米、拐6道弯的已经嵌在墙体和地面的管道里穿过音响电线，这可难住了整个施工队伍。眼看工期就要结束，可大家还是无法攻克这个难关。

为此，经理指派王涛一定要在一天内解决这个问题，可王涛却说："拐6道弯的管道这种工程我们以前都没有见过，况且还不能拆除墙体，这个难度实在是太大了，别说一天，就是两天也不敢保证……"

听了王涛一连串的借口，经理很生气，就对身边的一个普通技工说："小高，你想想办法，尽量在一天内解决这个问题。"

小高听了后说："好的，经理，我一定尽快完成任务。"

晚上下班后，小高没有立即回家，而是在施工现场研究解决问题的方案。经过两个小时的苦思冥想，小高终于想到了一个可行性很强的办法。

于是，他当即给自己在生物医学实验室工作的姐姐打电话，从她那里借来了一公一母两只老鼠。

这两只老鼠被拎来后，小高就开始实施自己的方案：他把电线绑在公老鼠的腿上，让姐姐在管道的一头抓着公老鼠，自己抓着母老鼠在管道的另一头并使母老鼠发出"吱吱"的叫声。然后小高让姐姐把公老鼠放进管道，公老鼠循着母老鼠的叫声沿着管道爬到了另一头，就这样它把电线也成功地带了过去。

第二天一早，经理和王涛看着已经穿好的电线，整个人都震惊了。这项工程结束后，经理马上给小高升了职。

如果王涛能像小高一样，对领导交代的任务能无任何借口地坚决执行，即使暂时找不到解决问题的方法，但是只要认真、尽力地去想，就一定能像小高一样找到解决之策。或许，他的结局就会完全不一样，说不定早就成为公司的副总了，而不是在高级工程师的职位上10年都得不到晋升。

借口是最为廉价且毫无意义的东西。喜欢找借口的行为，不仅无益于任何工作的开展，还会让别人失去对你的信任，更为严重的是，它会腐蚀你的心智，让你彻底丧失前进的动力。

所以，在实际的工作中，我们应该摒弃"找借口"的陋习，因为不管事情结果如何，借口总归是不能解决任何问题的，何不如将这些时间和精力花在如何解决问题上，没有任何借口地去执行，以一种专注、负责、认真的态度去执行，无条件地去执行，要知道方法总比问题多，你一定能解决问题，你的努力也一定会被领导看见。

执行力是高效工作的保证

耶稣带着他的门徒彼得远行，途中发现一块破烂的马蹄铁，耶稣就让彼得捡起来。不料，彼得懒得弯腰，假装没听见。耶稣没说什么，自己弯腰捡起了马蹄铁，又用它在铁匠铺那儿换了一些钱，并用这些钱买了18颗樱桃。

出了城，师徒继续赶路，二人经过了茫茫荒野。耶稣猜到彼得一定会感到很口渴，就让藏在袖子里的樱桃悄悄地掉出一颗，彼得一见，赶忙捡起来吃。耶稣边走边丢，彼得也就狼狈地弯了18次腰。于是，耶稣笑着对彼得说："要是你在最开始弯一次腰，后来就不需要没完没了地弯了那么多次腰了。"

这个故事告诉我们执行力的重要性。执行力强的员工是指具有良好工作能力并能够按质按量、一丝不苟地做好老板交代的工作的人，衡量的基本标准是他提供了上级（客户或公司）满意的结果。那种不能创造价值，不能提供结果的，不是真正的执行力，只是走过场、完成任务而已。如果企业中的员工都能及时执行领导分派的任务，那么他们就能将工作落实到位，企业也能快速运转起来。

所以说，不论多么高远的目标，多么精妙的构思，最终都要落到实处，执行力是高效工作的必要保证。

日本软银公司董事长孙正义曾说过："三流的点子加一流的执行力，永远比一流的点子加三流的执行力更好。"

执行力是指有效利用资源、保质保量达成目标的能力，指的是贯彻战略意图，完成预定目标的操作能力。通常来说，执行力包括三个要素：执行的动力、执行的能力、执行的保障力。

1.执行的动力

动力是人一切行为的起源。执行的动力来自何方?有人是为了高收入，有人是为了更高的地位，有人是为了更高的荣誉，但不可忽视的是，还有更为高级更应该受到关注的包括安全感、社交关系、受尊重感和自我实现需要等。要提高执行力，一定要明确自己的动力从何而来。

2.执行的能力

执行的能力是执行力的主体。但需要注意的是，个人能力不等同于执行力。如果我们认为自己个人能力很高而忽略了提高自己的执行力，反而会影响工作效果。个人能力是一种完成工作的可能性，而执行力正是这种可能性的实现能力。从这个意义上来看，提高执行力是实现高效工作的必要条件。

重庆煤炭集团永荣电厂的罗国洲是一名有着30年工龄的老锅炉技师，他同时也是国内著名的"锅炉点火大王"和"锅炉找漏高手"。

罗国洲在平凡的岗位上练就了不凡的本领。人们都说罗国洲有一副神奇的耳朵，他只要围着锅炉转一圈，就知道锅炉内部哪个地方出现了泄漏；他还有一双神眼，只要往表盘看一看，就能在各种参数的细微变化中找到哪个部位有泄漏。不仅如此，锅炉点火、锅炉燃烧调整也是罗国洲的绝活。在用火、压火、配风、启停等多个方面，他都有独到的见解。

罗国洲在谈到自己的工作心得时说："干工作就应该干一行爱一行，就算是平凡的岗位，也应该努力工作，学好一技之长。"

当今社会，科学技术日益显现出它的重要性，企业的每个员工都需要借助自己的专业知识来为公司处理大量事务，而当自己拥有了这样的技能，那么无形中就具有了核心竞争力，在竞争中就能立于不败之地。而掌握了一技之长，自己的执行力自然就会提高。

3.执行的保障力

执行能力想要充分发挥，还需要一定的保障，两者将构成卓越的执行力并产生作用。对于个人来说，为了保障并提升我们的执行力，戴明环是非常有用的一个工具。

戴明环又叫PDCA循环，是管理学中的一个通用模型，最早由休哈特于1930年构想，后来被美国质量管理专家戴明博士在1950年再度挖掘出来，并广泛运用于持续改善产品质量的过程中。我们将自己的每项工作视为一个个产品，在实际工作中应用PDCA循环思路，会有效提升工作的执行力。

P：Plan，计划。在工作之前将工作拆解为若干步骤，对每步所要达到的目标，预计需要动用的资源，完成的时间节点及可能遇到的问题及相应的对策做出计划，避免事到临头一把抓的情况发生。计划环节在整个工作中起到提纲挈领的作用。

D：Do，实现。根据现有的资源，用具体的方法将计划的内容完完整整地实现。这一步是工作的主体，执行力的高低主要在这一步体现出来。

C：Check，检查。总结执行计划的结果，分清哪些步骤对了，哪些工作还有问题，明确效果，找出问题。检查步骤是对本次工作执行力的评价。

A：Action，纠正。对总结检查的结果进行处理，对成功的经验加以肯定，并在今后的工作中加以推广；对失败的教训也要总结，引起重视，在今后的工作中尽量避免。纠正步骤是为了提升下一次工作的执行力。

PDCA循环是一个连续动态的过程，我们将该循环视作工作习惯的话，就会不断在工作中认清自己的长处和局限，一步步提升自己的执行力。

工作成绩要的是结果，高效工作需要强大的执行力，而执行力的提升是一个持续的过程。作为一个高效工作的人，我们要的是结果，而这个结果是通过持续而科学的过程得到的。

执行到位，能让你事半功倍

很多企业老板在谈工作时都喜欢讲一个词，那就是"执行到位"。现如今很多企业的老板都在头疼一个问题，那就是员工的执行力问题。在职场上，具有较强执行力的员工并不是太多，能执行到位的员工更是少之又少。如果你想让自己得到老板的青睐，那么请注意提高自己的执行力，并将它执行到位。

那么，何谓执行到位？执行到位就是真正做到把执行力贯彻到位。只有执行到位，才能将蓝图变成现实；只有执行到位，才能得到想要的结果；只有执行到位，老板的期望才能得以实现。

从前，有一位农场主，在大西洋沿岸耕种了一块地。由于平时的农活太重，他不得不到处张贴雇用伙计的广告。尽管如此，还是没人愿意到他的农场来工作，因为大西洋的风暴经常会摧毁沿岸的建筑和庄稼。

直到有一天，一个又矮又瘦的中年男人来到农场应聘。

农场主严肃地问道："你会是我的好帮手吗？"

"实话告诉您，即便是飓风来了，我都可以安然入睡。"中年男子自信满满地答道。

这人实在是太狂妄了，农场主也犹豫了。他不知道可不可以信任这个人。最后农场主还是决定雇用他，因为自己一个人实在是忙不过来，他太需要人手了！

幸好新来的伙计还算努力，每天从早忙到晚，把农场打理得井井有条，这让农场主感到十分满意，之前悬着的那颗心终于落下来了。

不久后的一天晚上，狂风呼呼大作，农场主连忙跳下床，随手抓起一盏提灯，急急忙忙地跑到隔壁伙计睡觉的地方，使劲地摇晃睡梦中的伙计，大声吼道："你快起来！暴风雨就要来了！在它卷走一切之前，我们要把所有的东西都拴好！"

这时，伙计在床上不紧不慢地翻了个身，懒懒散散地说道："先生，我不打算起来，我之前就告诉过你，当暴风雨来的时候，我也能安然入睡。"农场主一听，气坏了，恨不得当场就解雇他。

无奈之下，他只能强压着怒火，匆匆跑到外面，打算一个人为即将到来的暴风雨做准备。不过令他吃惊的是，他发现所有的干草堆都早已被盖上了防水布，牛在棚里，鸡在笼中，所有房间的门窗都紧闭着，每件东西都被拴得结结实实的，大风根本就不可能把它们吹走。

看到这一切，农场主才明白伙计的话是什么意思。其实，这个伙计之所以能倒头呼呼大睡，是因为他已经为农场平安度过风暴做足了准备。

新雇的伙计做事有条不紊，而且认真踏实，在飓风来临之前，就把所有的工作在白天的时候做好、做到位了，以至于慌乱中打算收拾残局的农场主看到眼前的这一幕都惊呆了。

其实有很多员工经常会犯和农场主一样的错误，那就是"头痛医头，脚痛医脚"，结果忙得焦头烂额，损失不少，还得继续不停地修复工作。其实这完全是在浪费时间、浪费生命，重复地做一些毫无意义的工作。而新来的伙计在一开始就把所有工作都执行到位了，自然就避免了无谓的浪费了。

一家玩具厂的产品进入日本市场后一直很热销。厂家看到自己的玩具如此赚钱，在加工玩具的时候就开始偷工减料。日本经销商很快察觉到了这个问题，提出退货。

厂家和日本经销商谈判，希望看在多年合作的情分上不要退货，还说改用的填充物不会影响产品质量，没有哪个消费者会拆开玩具看。

日本经销商当即否定了这种说法，认为合同规定的材料不能更改，如果把劣质的产品销到市场，被消费者发现，他们会觉得受到了欺骗，以后连其他产品都会拒绝购买。

最后，那些玩具还是被全部退了回来，由玩具厂重新拆开再加工。结果仅此一项，该玩具厂就损失了五十多万元。

产品重新加工好之后，日本经销商提出改变检验办法，不仅提高了抽查比率，还派了一名管理人员驻厂监督。厂家觉得这是小题大做。日本经销商却说："我们已经不再是合作伙伴，我们所做的仅是履行最后两个月的合同，保证产品的质量。"

这时厂家才觉得事态严重，多次道歉并和他们协商。对方一点情面也不讲："在日本，你只要欺骗别人一次，就没人再和你打交道。做错了事必须要受到惩罚。每个人只有一次机会，没有人相信你以后怎么做。"

执行不到位，处处留尾巴，到头来浪费的不仅是企业的资源，更浪费了你的时间和精力；害的不仅是企业，更是你自己。在工作中，谁都不想替别人去"擦屁股"，去收拾"烂摊子"，所以你只能自己花大量的时间去弥补第一次没把事情做对的烂尾，看着别的同事不断地干出优异的成绩，而你却身陷亡羊补牢的泥潭，越补越错，最终只会让自己越陷越深，无法自拔。

作为职场中的一员，我们应该正确认识执行到位的重要性，磨刀不误砍柴工，在做事情之前仔细分析可能出现的问题，如果出现了这些问题，如何才能更好地解决，一次就把工作做到位。

第七章
负责，就是把细节做到极致

小事成就大事，细节成就完美。

——惠普创始人 戴维·帕卡德

小事成就大事，细节成就完美

"天下难事，必做于易；天下大事，必做于细"。它的意思是天下的难事，都是从容易的地方开始做起的；天下的大事，也都是从小事开始做起的。20 世纪，世界最伟大的建筑师之一密斯·凡·德罗，在描述他成功的原因时，只说了五个字——"魔鬼在细节"，可见对细节的作用和重要性的认识，古已有之，中外共见。

然而，细节却是很容易被忽视的东西。那些能成就大事的人，其实并不是比我们更聪明或是有我们常人无法企及之处，就是因为他们更注重细节，从而赢得了更多的机会，更容易获得胜利，更容易取得好的成就。俗话说："小事能成就大事，细节决定成败。"很多时候，我们的成功不是取决于我们有多么高的智商，而是取决于我们有没有做好一件件小事。

一家大公司招聘新人，已经淘汰了好几批参加面试的人选。这时无论是面试者还是被面试者都感到了几分紧张：如果今天再不能选出合格的人选，公司的许多工作就要受到影响；对被面试者来说，如果能进入这家全国知名企业工作，那自己今后的事业发展将不可估量。

这时，一位年轻人走进了面试的办公室。在门口看到一张小纸片，年轻人弯下腰捡起纸片并顺手把它扔到了垃圾筒。面试过后，主持面试的该公司总裁叫这位年轻人留下来，他告诉这个年轻人可以马上到公司参加培训，等培训合格后就可以正式上班了。

年轻人简直不敢相信自己的耳朵，因为他知道在这次招聘的过程中进入面试这一关的都是精英，而且据他观察，其中有不少人的能力在他之上。总裁看着年轻人疑惑的表情，笑着说道："这正是我找你谈话的原因，你的能力水平确实不是所有应聘者中最好的，但是，只有你在面试时通过了一项最关键的考验——门口的那张小纸片是我故意叫人放在那里的。"

那些与年轻人一同去参加应聘的人才，并非没有看到门口那张虽然不大却明显的纸片。对于他们来说，捡起地上的小纸片同样只是弯一下腰那么简单，但是他们却认为如此琐碎的事情不值得一做，所以他们就错过了进入大公司的机会，实际上他们因此而错过的重要机会绝不仅仅是这一次。

那个年轻人就是美国汽车工业之父——亨利·福特。他用自己的实际行动证明了当初那位总裁的独到眼光。亨利·福特是幸运的，他的幸运不仅在于自己遇到了慧眼识英才的总裁，更在于他对每件小事都不疏忽的认真精神。

然而，在这个浮躁的职场中，有太多人抱着不认真的态度，工作时粗心大意，敷衍了事。

还有一部分人存在着这样的心理误区：只想干大事，不想干小事；

只想赚大钱，不想赚小钱；只强调大节，不注意小节……结果导致他们小事不愿干，大事干不了；小钱不愿赚，大钱赚不来；小节常失误，大节靠不住。

闻名世界的惠普创始人戴维·帕卡德曾说过这么一句话："小事成就大事，细节成就完美。"作为公司的一名员工，我们必须从一件件小事入手，认真干好每件经你手的事情，通过对细节的不断积累，在实践中总结经验、吸取教训，来达到不断进步，进而实现自己的成就。

一个阴云密布的午后，由于瞬间的倾盆大雨，行人们纷纷进入就近的店铺躲雨。一位老妇人也蹒跚地走进费城百货商店避雨。面对她略显狼狈的姿容和简朴的装束，所有的售货员都对她心不在焉，视而不见。

这时，一个年轻人诚恳地走过来对她说："夫人，我能为您做点什么吗？"老妇人微微一笑："不用了，我在这儿躲会儿雨，马上就走。"老妇人随即又心神不定了，不买人家的东西，却借用人家的屋檐躲雨，似乎不近情理。于是，她开始在百货店里转起来，哪怕买个头发上的小饰物呢，也算给自己的躲雨找个心安的理由。

正当她犹豫徘徊时，那个小伙子又走过来说："夫人，您不必为难，我给您搬了一把椅子，放在门口，您坐着休息就是了。"两个小时后，雨过天晴，老妇人向那个年轻人道谢，并向他要了张名片，就颤颤巍巍地走出了商店。

几个月后，费城百货公司的总经理詹姆斯收到一封信，信中要求将这位年轻人派往苏格兰收取一份装潢整个城堡的订单，并让他承包自己家族所属的几个大公司下一季度办公用品的采购订单。詹姆斯惊喜不已，匆匆一算，这封信所带来的利益，相当于他们公司两年的利润总和！

他在迅速与写信人取得联系后才知道，这封信出自一位老妇人之手，而这位老妇人正是美国亿万富翁"钢铁大王"卡内基的母亲。

詹姆斯马上把这位叫菲利的年轻人推荐到公司董事会上。毫无疑问，当菲利飞往苏格兰时，他已经成为这家百货公司的合伙人了。那年，菲利22岁。

随后的几年中，菲利以他一贯的忠实和诚恳，成为"钢铁大王"卡内基的左膀右臂，事业扶摇直上、飞黄腾达，成为美国钢铁行业仅次于卡内基的富可敌国的重量级人物。

菲利只用了一把椅子，就轻易地让"钢铁大王"卡内基认识了自己，成就了自己，从此走上了让人梦寐以求的成功之路。

有时，当你一心渴望伟大、追求伟大时，伟大却了无踪影；当你甘于平淡，认真做好每个细节时，伟大却不期而至。这就是细节的魅力。很多人不愿做平凡的小事，结果到最后也没做出什么大事来。

任何大事都是从小事一点一滴积累起来的。当然，那些成功的人就是注重留意细节，善于捕捉机遇。我们也应该像成功人士一样，重视对注意细节能力的培养，请从仔细留心身边的每件小事开始，因为它们当中可能就蕴藏着很多机会。

细节不到位，绝对干不出色

有人说："如果要想比别人更优秀，那么只有在每一件小事上比功夫。"所谓绝招，是用细节的功夫堆砌出来的。正因为优秀的人总会耐心关注工作中的每个细节并将它们做到位，如此，他们才有机会先于别人走向成功。

麦当劳创始人克洛克曾说过这么一句话："我强调细节的重要性。如果你想经营出色，就必须使每一项最基本的工作都尽善尽美。"经营我们个人也一样。我们要想做好现在的工作，就必须对工作中的细节给予百分之百的关注，将每个细微之处做到最好。要知道，细节就像人体的细胞一样举足轻重，在某些情况下确实可以决定一个人的成败。养成注重工作细节的习惯，不仅可以让我们脚踏实地地做事，还能够培养我们工作中的认真精神和责任感，从而出色地完成任务。

然而，很多人却不这么认为。他们一直想在工作中崭露头角，用做大事来成就自己的不平凡，展现自己的能力，细节做得到不到位对他们来说并不重要。他们只会终日抱怨上司"有眼无珠"，不满现在所从事的简单的工作，对同事的失败冷嘲热讽，对手边琐碎的事情不屑一顾，希望以此来证明自己的与众不同。但这种证明自己的办法，最终的结果却是一败涂地。

实际上，每天的工作就是展现你不平凡的最好的机会。商店的售货员将每件商品擦得干干净净，公交车司机让自己的车保持整洁，书店的营业员把书架上的书摆得整整齐齐，这样的小事，如果能够天天坚持，就会变成习惯。当你习惯了在自己的工作中把每个细节做得尽善尽美的时候，你就是在为自己的前途储存更多的资本，你也能够更快地到达你想要达到的目标。

米查尔·安格鲁是一位闻名于世的雕塑家。有一天，安格鲁在他的工作室向一位来访者解释——为什么自这位参观者上次来参观到现在他都一直忙于这一个雕塑的创作，而到现在还有一部分仍未完成。安格鲁一边用手指着雕塑一边认真地说："这个地方，我仍需要再润色一下，让它看起来更加光彩夺目，这样，它的整个面部的表情会因它光彩的增加而变得更柔和，当然这是在它的衬托下。"他用手指了一下又说，"那块肌肉也会显得强健有力。"然后，他顿了一下说，"嘴唇会更富有表情。当然，全身会因为以上的种种显得更加有力度。"

那位来访者听了安格鲁的介绍，疑惑不解地说道："您所说的这些相对于这座雕像来说，好像都是些琐碎之处，它们在这个雕像中并不是那么引人注目！"

安格鲁回答道："情形也许如此，但是你一定要知道，正是你所说的这些琐碎的、不引人注目的细小之处才使整件作品趋于完美呀！相对于一件作品而言，完美的细小之处可不是件小事情呀！"

是的，那些被堪称艺术品的，都是把细节做到了极致。这也验证了前面所说的"魔鬼在细节"。

那些优秀的、成就非凡的人，总是于细微之处用心、在细微之处着力。因为正是有这些毫不起眼的小事的到位完成，才保证了以后大事的成功。

一家公司组织了一次公关活动，为了增加互动性，他们在现场设置了客户提问的环节，原来的做法是让文员裁几张白纸了事。可是，在现场，老板看到的却是一沓整齐、漂亮的便笺，上面印了公司的标志，还加了宣传语，措辞礼貌。那次的活动举办得十分成功，客户的反映也很好。而功劳自然少不了文员这个注重细节的举动。琐碎的小事被落实到位让这个文员得到了老板的赏识，后来在公司需要新的办公室主任时，老板第一个想到的就是这个文员。

这样一个负责任的、能把工作细节都做到如此完美的人得到提升自然是众望所归的事。

从某种意义上讲，将细节做到位是对一个人综合素质最真实的考察，也是区别于他人的特点。很多时候，正是细节显出的奇特效果，使你能在难分高下的竞争格局中脱颖而出，成为人人羡慕的佼佼者。

那么，我们应该如何将细节做到位呢？

1. 练就自己敏锐的观察力

很多人说："我就是一个粗枝大叶的人，细节看得到我，我却看不到它。"于是便破罐子破摔，认为自己就是无法注意到细节了。

不是所有人都有能力注意到细节的，而且很多人的这方面能力都是后天训练、培养的。如果你暂时还没有这个能力，没关系，你可以从现在、从身边做起。对每件事，你都要坚持多观察、多思考，多去注意一些细小的环节。长期坚持下来，你就能养成注重细节的习惯，也能练就发现重要细节的能力。通过不断练习，我们还要有能辨别出哪些细节是举足轻重的，是你必须全力以赴的能力。

敏锐的观察力，是你必须要练就的首要本领。当然，首先我们要改掉自己粗枝大叶的毛病。

2. 认真将细节落实到位

当你能看到细节的重要性时，就要认真地去落实好每个细节。"到位"，就意味着你必须把每个细节都做到尽善尽美。很多人看到细节了，也去做了，却对自己要求不高，以至于潦草完事。这样做不仅不会有收获，还浪费时间。所以要做就做到最好，不管是大事还是小事。你只有在每件小事上对自己严格要求，才能做成大事。

3. 克服懒惰的习惯

要真正把细节做到位是很难的。很多时候，不是因为我们看不到细节或是细节做起来太过烦琐，而是我们的惰性心理在作怪，习惯了睁一只眼闭一只眼地对待细节，因此，很多重要的细节就容易被忽略。要想让细节落实到位，就必须收起自己懒惰的习惯，勤思考、勤动手。

4. 把将细节落实到位培养成自己的一种习惯

一个习惯的养成是很难更改的，所以我们平时就要注重将细节落实到位养成一种良好的习惯。"千里之堤，毁于蚁穴。"时时告诉自己细节的重要性，注意精心培养。如此，你才能注意到别人注意不到的地方，从而达到出奇制胜的效果。

你如果真正把细节都做到位了，想不卓越、不出色都难。

不放过任何一个小问题

工作中无小事，任何惊天动地的大事，都是由一件又一件的小事构成的。作为企业中一员，我们每天的所作所为，虽然细小，但是对企业来说，却是它实现正常运转、创造效益的关键所在。

所以说，工作中的任何一件小事都将决定你的成败，决定企业的成败。每件看起来似乎微不足道的小事，都需要员工全力以赴、认真地去对待，这不仅是工作的原则，也是人生的原则。

在环环相扣的工作流程中，一件看起来极其渺小的事情，甚至可以改变你的职业前途。工作无小事，把每件事都当作大事，固守自己的本分和岗位，就是做出了很好的贡献。

当巴西海顺远洋运输公司派出的救援船到达出事地点时，"环大西洋"号海轮已经消失了，21名船员不见了，海面上只有一个救生电台在有节奏地发着求救信号。救援人员看着平静的大海发呆，谁也想不明白在这个海况极好的地方到底发生了什么，从而导致这条最先进的船沉没。这时有人发现电台下面绑着一个密封的瓶子，打开瓶子，里面有一张纸条，用21种笔迹这样写着：

一水汤姆：3月21日，我在奥克兰港私自买了一个台灯，想给妻子写信时照明用。

二副瑟曼：我看见汤姆拿着台灯回船，说了句"这小台灯底座轻，船摇晃时别让它倒下来"，但没有加以干涉。

三副帕蒂：3月21日下午船离港，我发现救生筏施放器有问题，就将救生筏绑在架子上。

二水戴维斯：离岗检查时，发现水手区的闭门器损坏，用铁丝将门绑牢。

二管轮安特尔：我检查消防设施时，发现水手区的消防栓锈蚀，心想还有几天就到码头了，到时候再换。

船长麦特：起航时，工作繁忙，没有看甲板部和轮机部的安全检查报告。

机匠丹尼尔：3月23日上午汤姆和苏勒的房间消防探头连续报警。我和瓦尔特进去后，未发现火苗，判定探头误报警，并将其拆掉交给惠特曼，要求换新的。

机匠瓦尔特：我就是瓦尔特。

大管轮惠特曼：我说正忙着，等一会儿拿给你们。

服务生斯科尼：3月23日13点到汤姆房间找他，他不在，坐了一会儿，随手开了他的台灯。

大副克姆普：3月23日13点半，带苏勒和罗伯特进行安全巡视，没有进汤姆和苏勒的房间，说了句"你们的房间自己进去看看"。

一水苏勒：我笑了笑，也没有进房间，跟在克姆普后面。

一水罗伯特：我也没有进房间，跟在苏勒后面。

机电长科恩：3月23日14点，我发现跳闸了。因为这是以前也出现过的现象，没多想，就将闸合上，没有查明原因。

三管轮马辛：闻到空气不好，先打电话到厨房，证明没有问题后，又让机舱打开通风阀。

大厨史若：我接马辛电话时，开玩笑说，我们在这里有什么问题？你还不来帮我们做饭？然后问乌苏拉："我们这里都安全吗？"

二厨乌苏拉：我也感觉到空气不好，但觉得我们这里很安全，就继续做饭。

机匠努波：我接到马辛电话后，打开通风阀。

管事戴思蒙：14点半，我召集所有不在岗位的人到厨房帮忙做饭，晚上会餐。

医生英里斯：我没有巡诊。

电工荷尔因：晚上我值班时跑进了餐厅。

最后是船长麦特写的话：19点半发现火灾时，汤姆和苏勒的房间已经被烧穿，一切糟糕透了，我们没有办法控制火情，而且火越烧越大，直到整条船上都是火。我们每个人都只犯了一点错误，却酿成了人毁船亡的大错。

看完这张绝笔纸条，救援人员谁也没说话，海面上犹如死一样寂静，大家仿佛清晰地看到了整个事故的过程。

工作中出现的大问题其实都是由小问题、小错误积累而来的。任何一个细节出了差错，都会事关全局。因为当每件细小的事情所产生的后果在不断被扩大时，它们就不再是微不足道的小事情了。就像"环大西洋"号海轮的消失，要是船上的21个人都能注意到这些细节问题，都能对这一点点的小问题提出质疑，并且不放过它们，那么估计就可以避免那一次人毁船亡的惨剧的发生。正所谓，牵一发而动全身。

在我们的实际工作中，有多少会计因为多写或少写了一个零，让公司蒙受了巨大损失；有多少汽车维修人员，因为少装了一个螺丝、少拧了一个螺母而导致汽车发生故障，从而造成车毁人亡的结局；有多少因为施工时的一个小问题，导致了豆腐渣工程，最终只能拆了重建……所有的这些问题，都源于我们对细节的不重视。

所以，每件小事都值得我们去做，每个小问题都值得我们去用心解决。不要小看自己所做的每件事，即便是最普通的事，也应该全力以赴、尽职尽责地去完成。能把小事情顺利完成，你才能有把握完成大事情。一步一个脚印地向上攀登，便不会轻易跌落。

在我们日常的工作中，我们一定要采取认真、细致、严谨的态度，并予以一定的重视，看透细节背后可能潜藏的问题，切实做到用心做事，从根本上防止和避免危害和损失的产生。试想，你的一个不注意可能带来的损失是极大的，不止毁了自己的声誉和前程，还会给企业和社会带来危害。

作为一名员工，我们要时刻认识到工作无小事，我们应当认真负责地对待工作中的每件小事，不放过任何一个出现的问题，兢兢业业地做好自己的本职工作，坚守好自己的岗位。如果企业中的每个员工都能做到如此，那么你所在的企业绝对会成为最强大的企业之一。

1%的错误可能导致100%的失败

很多人都听说过"蝴蝶效应"。它是由美国气象学家爱德华·罗伦兹（Edward N. Lorenz）于1963年提出的。对于这个效应最常见的阐述是："一只南美洲亚马孙河流域热带雨林中的蝴蝶，偶尔扇动几下翅膀，可以在两周以后引起美国得克萨斯州的一场龙卷风。"其原因就是蝴蝶扇动翅膀的运动，导致其身边的空气系统发生变化，并产生微弱的气流，而微弱的气流的产生又会引起四周空气或其他系统产生相应的变化，由此引起一个连锁反应，最终导致其他系统的极大变化。这个现象概括为一句话就是"差之毫厘，失之千里"，或是"1%的错误可能导致100%的失败"。

有时候，一个看起来微不足道的小错误可能会给你带来灭顶之灾。你可能无法想象一个小小的马掌钉竟然会让一个国家面临灭亡的命运。但是，事实就是如此。

理查三世和亨利伯爵准备决一死战，战斗的结果将决定谁是英格兰的统治者。战斗当天的早上，理查派了一个马夫去备好自己最喜欢的战马。

"快点给它钉掌。"马夫对铁匠说，"国王希望骑着它打头阵。"

"那您得等一等。"铁匠回答道，"马掌都用完了，现在我得去找点儿铁片来。"

"我等不及了。"马夫不耐烦地叫道，"国王的敌人正在推进，我们必须在战场上痛击敌兵，有什么你就用什么吧。"

铁匠埋头干活，从一根铁条上弄下四个马掌，把它们砸平、整形，固定在马蹄上，然后开始钉钉子。钉了三个掌后，他发现没有钉子来钉第四个马掌了。

"我还需要一两个钉子，"他说，"得需要点儿时间砸出两个。"

"我已经告诉过你我等不及了，"马夫急切地说道，"军号都已经吹响了，你能不能凑合用别的东西把马掌钉上？"

"我想想办法吧，但是那样的话就不能像其他几个那么牢固了。"

"能不能挂住？"马夫问。

"应该能。"铁匠回答，"但我也没有十分的把握。"

"好吧，就这样吧。"马夫叫道，"快点，要不然国王会怪罪到咱俩头上的。"

战斗打响了，理查三世冲锋陷阵，鞭策士兵迎战敌人。"冲啊，冲啊！"他喊着，率领部队冲向敌阵。远远地，他看见战场另一头自己的几个士兵退却了。如果别的士兵看见他们这样，也会跟着后退的。为了阻止此类事情发生，理查三世策马扬鞭冲向那个缺口，召唤士兵继续战斗。

但他还没走到一半，一只马掌就掉了，战马跌翻在地，理查三世也摔到了地上。国王还没有再抓住缰绳，惊恐的马就站起来逃走了。理查三世环顾四周，他的士兵们早已纷纷转身撤退，敌人的军队包围了上来。

他在空中挥舞着宝剑，"马！"他喊道，"一匹马，我的国家倾覆就因为这一匹马。"

他没有了坐骑，他的军队已经分崩离析，士兵们自顾不暇。不一会儿，敌军俘获了理查三世，战斗结束了。

从那时起，人们就说：

少了一个铁钉，丢了一只马掌；

少了一只马掌，丢了一匹战马；

少了一匹战马，败了一场战役；

败了一场战役，失了一个国家。

所有的损失都是因为少了一个马掌钉。

是的，一只老鼠可以搞死一头大象，浅水滩里能淹死人，说的就是这个道理。很多事情没有成功，不是我们没有付出努力，而是我们忽略了一些细节——一颗螺钉松动足以让飞机灰飞烟灭；药厂厂长一口痰便失去了与外商合作的机会；入口处多一节拐弯的门，便可以降低空调的耗电量。

在《细节决定成败》一书中有这样一段话：不论做任何工作，都要从小事做起，关注细节，把小事做细、做透……所以，要想做好每件小事，首先要对小事有正确的认识，牢固树立"世上无小事、事事皆大事"的思想观念，更要在实际行动中注重细节，凡事从细小的事情做起。要知道一屋不扫，何以扫天下？小事不做，怎能积累出做大事的胆识和本领？

美国实业家约翰·戴维森·洛克菲勒说："1%的错误会带来100%的失败。100减1不等于99，而是等于零，细节是决定成败的关键。"假如每个员工都能把自己所在的岗位的每件小事做好、做到位就不简单了。细节无处不在，但细节不会自动摆在人们的眼前，而是需要人们去寻找并发现它们。每发现一个细节，都会成为你将来成功的铺垫；每注意一个细节，都会使你的成功多一分希望。一个善于发现、注意细节的人，方可成就伟业。

细节之处见差距

人和人之间的差距其实就产生于细微之处，长此以往，他们之间的距离会越拉越大，直至天壤之别。

有时，成功并没有想象中那么复杂，做好别人没做到或者忽视的小事，你就赢了。苹果从树上掉下来砸中了多少个人的头，却只有牛顿发现了万有引力；许多人都知道水烧开了之后，水壶的盖子会跳起来，却只有瓦特发明了蒸汽机……所有这些在我们眼中再正常不过的事情，却被有心之人发现了我们大多数人都会忽略的细节。同样的事，在不同人眼中，会发现不同的细节，生活中细节无处不在，只有做一个善于发现细节的人，才能成为生活中的强者。

沃尔玛公司（Wal-Mart Stores, Inc.）是一家美国的世界性连锁企业，以营业额计算为全球最大的公司。沃尔玛主要涉足零售业，是世界上雇员最多的企业，连续4年在美国《财富》杂志世界500强企业中居首位。沃尔玛公司有8500家门店，分布于全球15个国家。

沃尔玛有如此强劲的发展势头并如此受客户喜爱，其关键的原因在于它注意了很多个别的零售企业没有注意的"细节"。其中就包括以下几点：

一是永远向竞争对手学习，学习每个先进的"细节"。他们时刻懂得虚心向竞争对手学习，经过考察觉得可取并立马实施。

二是注意顾客的每个"细节"。沃尔玛认真记录分析每个商业数据，用通信卫星为每个客户服务。沃尔玛全球的多个店铺都装有卫星接收器，每个消费者在其任何一个连锁店进行交易时，客户的年龄、住址、邮编、购物品牌、数量、规格、消费总额等一系列数据都会被记录下来，送进企业信息动态分析系统。以便更好地为顾客提供服务。

三是降低经营成本，注重每个"细节"。沃尔玛很少采用专用的复印纸复印资料，复印材料时都用废纸的背面进行复印，除非重要文件。沃尔玛的工作记录本都是用废纸裁制而成的。

沃尔玛上至运营总监、财务总监下至办公室秘书，只要不忙就会换下西装到商场中，去做收银员、搬运工、上货员等。而且他们鲜有大笔的广告费。这么做，无非是为顾客省钱，提高自身竞争力。

四是注意服务的"细节"。在细化服务方面，沃尔玛有详细的规定，其中有三条基本原则：第一，尊重个人原则，十分注重对员工的精神激励；第二，10英尺原则，每位职员在顾客距其10英尺（约3米）以内时要主动问候；第三，太阳落山原则，员工或顾客的任何要求必须在太阳落山前得到答复。

正是由于对细节的孜孜以求，沃尔玛才从零售市场脱颖而出，成为全球零售业的巨头。

很多员工总是抱怨自己没有别人聪明，智商不如别人高，所以也不能像别人那样做成什么大事。殊不知，冰冻三尺非一日之寒。

卓越的员工每次都能把事情按时、保质、保量地完成，对于工作中的每个阶段、每个环节都力求做到最好，一丝不苟地把事情做到位。认认真真从小事做起，从事情的细微之处入手，注重工作中的每个不起眼的细节，最终经过时间不断地累积，得到不俗的成绩。

而平庸的员工只知道每天得过且过，做一天和尚撞一天钟，对于老板交代的任务应付了事，遇到工作中出现问题，总是拖着不解决或是即使解决也漫不经心，对工作中的出现的细节问题，更是熟视无睹。

如此，原本两个员工的资质水平差不多，但是随着时间的推移，两个人的差距就会变得越来越悬殊。

如果你想成为一名卓越的员工，那么就请你从改变自己开始，从细节入手，从平时对点点滴滴的积累入手，不要错过每次细小的问题，不要放过每个错误。这样你终会迎来全新的、更优秀的自己。

成功藏于琐碎的工作中

20世纪，世界最著名的建筑师之一密斯·凡·德罗曾反复强调："不管你的建筑设计方案如何恢宏大气，如果对细节的把握不到位，就不能称之为一件好作品。细节的准确、生动可以成就一件伟大的作品，细节的疏忽会毁坏一个宏伟的规划。"

如今全美国最好的戏剧院不少出自德罗之手。他在设计每个剧院时，都要精确测算每个座位与音响、舞台之间的距离以及因为距离差异而导致的不同听觉、视觉感受，计算出哪些座位可以获得欣赏歌剧的最佳音响效果，哪些座位最适合欣赏交响乐，不同位置的座位需要做哪些调整方可达到欣赏芭蕾舞的最佳视觉效果。

而且更重要的是，他在设计剧院时，要一个座位一个座位地亲自测试和敲打，根据每个座位的位置测定其合适的摆放方向、大小、倾斜度、螺丝钉的位置，等等。这样细致、周到地为顾客考虑的结果，最终使他成了一个伟大的建筑师。

是的，那些专注于细节的员工，不仅能够认真地对待工作，把小事做好、做细，而且能够在做事的细节中找到机会，使自己走上成功之路。那么，让我们再来看看汤姆·布兰德的故事吧。

汤姆·布兰德，起初只是美国福特汽车公司制造厂的一个杂工。然而，他最后却成为福特公司最年轻的总领班、经理。

众所周知，在世界汽车领域内，有着"汽车王国"之称的福特汽车公司，无论是实力还是影响力，都能从这四个字中窥见一二。而在这样的公司里，年仅32岁的布兰德能晋升为经理，这还真不是那么简单的事情。那么，他究竟是用什么神奇的方法获得成功，并快速"升"上去的呢？

布兰德在他20岁时进入了工厂。一开始工作，他就对工厂的生产情形做了一次全盘的了解。他知道一辆汽车由零件到装配出厂，大约要经过13个部门的合作，而每个部门的工作性质都不相同。

布兰德当时就想：既然自己要在汽车制造这一行做点事，就必须对汽车的全部制造过程都能有深刻的了解。于是，他主动要求从最基层的杂工做起。杂工不属于正式工人，也没有固定的工作场所，哪里有需要就要到哪里去。布兰德通过这项工作，和工厂的各部门都有接触，对各部门的工作性质也有了初步的了解。

在当了一年半的杂工之后，布兰德申请调到汽车椅垫部工作。不久，他就把制椅垫的手艺学会了。后来又申请调到点焊部、车身部、喷漆部、车床部去工作。不到5年的时间，他几乎把这个厂的各部门的工作都做过了。最后，他决定申请到装配线上去工作。

布兰德的父亲对儿子的举动十分不解，他质问布兰德："你已经工作5年了，总是做些焊接、刷漆、制造零件的小事，恐怕会耽误前途吧？"

　　"爸爸，你不明白。"布兰德笑着说，"我并不急于当某一个部门的小工头。我是以整个工厂为工作的目标，所以必须花点时间了解整个工作流程。我是把现有的时间做最有价值的利用。我要学的，不仅仅是一个汽车椅垫如何做，而是整辆汽车是如何制造出来的。"

　　当布兰德确认自己已经具备管理者的素质时，他决定在装配线上崭露头角。布兰德在其他部门干过，懂得各种零件的制造情形，也能分辨零件的优劣，这为他的装配工作增加了不少便利。没过多久，他就成了装配线上的灵魂人物。

　　很快，他就升为领班，并逐步成为15位领班的总领班。由于业绩非凡，一年后，他就升到了经理的职位。

　　虽然杂工要做的都是一些细枝末节的小事，但是布兰德深知工作无小事，觉得这是一个很好的锻炼自己的机会。他通过在不同部门的学习，为自己的职业路线打下了坚实的基础。虽然他是一个普通的工人，但是他的经验、见解远超过普通员工。所有的这一切都是因为他能注意细节，并从细节中得到巨大的收获，将自己打磨得更有能力，以达到精益求精的领导力。

　　在职场中，很少有员工能得到幸运之神的厚爱而直接被委以重任，成为将才，做大事。大部分员工做的都是平凡而又微不足道的小事。然而，事实上，成功多是源于把每件小事、每个细节做好，当无数个简单的小事、细节串联在一起时就能让你变得卓尔不凡。

　　在工作中，看不到细节或者不把细节当回事的人，对工作缺乏认真的态度，对事情只能是敷衍了事。不屑于做小事的人不可能把工作当成一种乐趣，因而在工作中缺乏热情和主动性，别说能把工作做到精益求精的程度，就连完成基本的工作都成问题。所以，要想成为优秀员工，就要踏踏实实从小事做起，做好本职工作，在不断成长中成熟，才会成大器。

有一天，一位中年女士从对面的福特汽车销售商行走进了乔·吉拉德的汽车展销室，她说自己很想买一辆白色的福特车，就像她表姐开的那辆，但是福特车行的经销商让她过一个小时之后再去，所以她就先过来这儿瞧一瞧。

"夫人，欢迎您来看我们的车。"吉拉德微笑着说。寒暄之中，女士兴奋地告诉他："今天是我55岁的生日，想买一辆白色的福特车送给自己作为生日礼物。""夫人，祝您生日快乐！"吉拉德热情地祝贺道。随后，他轻声地向身边的助手交代了几句。

吉拉德领着夫人从一辆辆新车面前慢慢走过，边看边介绍。在来到一辆雪佛兰车前时，他说："夫人，您对白色情有独钟，瞧这辆双门式轿车，也是白色的。"就在这时，助手走了进来，把一束玫瑰花交给了吉拉德。吉拉德把这束漂亮的鲜花送给了这位女士，并再次对她的生日表示祝贺。

那位女士感动得热泪盈眶，非常激动地说："先生，太感谢您了，已经很久没有人给我送过礼物了。刚才那位福特车的推销商看到我开着一辆旧车，一定以为我买不起新车，所以在我提出要看一看车时，他就推辞说需要出去收一笔钱，我只好上您这儿来等他。现在想一想，也不一定非要买福特车不可。"

最后，这位女士就在吉拉德这里买了一辆白色的雪佛兰轿车。

　　吉拉德就是一个注意细节的人，在上面的故事中，他通过一些人性化的细小服务，如和前来看车的这位女士说一声"生日快乐"，注意到顾客对白色车的爱好，送她一束鲜花祝她生日快乐，从而为自己赢得了客户。当然也是这个优点使他创造了十二年推销一万三千多辆汽车的最高纪录。可见，注意细节，才能做到精益求精。

　　作为员工，如果你想在工作中成为更好的自己，获得成功，那么请从注意细节做起。虽然每天做的可能就是一些琐碎的、鸡毛蒜皮的小事，但是只要我们坚持不懈地认真努力，全力以赴地对待工作中的每个细节，我们一定能做出完美的成绩，幸运之神也一定会厚爱于我们。

第八章
负责，让创新产生效益

创意有如原子裂变，每一盎司的创意都能带
来无以数计的商业奇迹和商业效益。

——美国微软公司联合创始人　比尔·盖茨

创新是员工不可推卸的责任

现如今，很多人都在提"创新、责任、担当"。其实，我想说，创新不仅是一种能力，更是包含了后面两者，即是一种责任和担当，它是员工主人翁意识的最完美的体现。

身在职场，作为企业的一员，我们有责任去克服工作中的困难和问题，也有责任将工作做得出色完美，更有责任为公司的发展壮大献计献策……而要想做到这一切，创新是必不可少的元素。而当创新成为员工不可推卸的责任时，它可以使我们战胜胆怯，变得更加勇敢，还能激发我们的潜能去完成难度更高、更富挑战的任务。

有一位汽车推销员刚开始卖车时，老板给他的试用期任务是一个月内卖出去一辆车。

29天过去了，他却一辆车都没卖出去。最后一天时，老板把他叫到办公室，对他说"明天不用来公司上班了"。但是，这位推销员并没有就此气馁，他对老板说："今天还没到12点，我还有机会，我先去忙了。"说完，他走出了老板办公室，继续去推销他的车。

夜渐渐深了，坐在车里的他感觉可能自己真的没戏了。正在这时，他听到有人在敲他的车窗，摇下车窗，他看见一位身上挂满了锅且被冻得浑身发抖的卖锅人。卖锅人说自己是看见车里有灯，想问问车主要不要买一口锅。推销员看到这个家伙比自己还落魄，就忘掉了烦恼，请他坐到自己的车里来取暖，并递上了一杯热咖啡。

推销员问卖锅人道："如果我买了你的锅，接下来你会怎么做？"卖锅人说："继续赶路，卖下一个锅。"推销员又问："全部卖完以后呢？"卖锅人说："回家再背几十口锅出来卖。"推销员继续问："如果你想使自己的锅越卖越多，越卖越远，你该怎么办呢？"卖锅人说："那就得考虑买部车，不过现在我还买不起……"两人越聊越起劲，天亮时，这位卖锅人就订了一辆车，提货时间是5个月以后，订金是一口锅的钱。

因为有了这张订单，推销员被老板留下来了。他一边卖车，一边帮助卖锅人寻找市场。卖锅人的生意越做越大，3个月以后，他提前提走了一辆送货用的车。推销员从说服卖锅人签下订单起，就坚定了信心，相信自己一定能找到更多的用户。

这个人就是被誉为世界上最伟大的推销员——乔·吉拉德。

在困难面前，如果乔·吉拉德胆怯了，放弃了，那么美国就会少一位最著名的推销员。乔·吉拉德就是将创新变成自己不可推卸的责任，从而用他自己独特的方式，即为客户着想、为客户解决问题才能赢得订单，成功地推销了自己的第一辆车，也为自己赢得了留下来的机会，其实这就是创新！

现如今，企业也亟须将创新视为不可推卸的责任的员工。英特尔公司非常注重挖掘员工的创新能力。在英特尔，每年有一个专门的"创新日"。在这一天，员工们提出自己的新想法，英特尔公司会给予冠军方案10万美元的奖金，同时也会给提案人一年的时间全力投入，着手去实践他的提案。对于有创新能力又善于学习的员工，不论他是否已经为晋升做好了准备，英特尔往往会直接授予他更高的位置，让他接受更高的挑战。

所以，作为员工，我们唯有将创新作为自己不可推卸的责任，在工作中开拓自己的思路，努力寻找创新的方法，才能开拓出属于自己的一片崭新的天地。

末流员工故步自封，一流员工积极创新

随着市场竞争的不断激烈，一个企业要想与时俱进，不断地发展壮大，就必须要有一定的创新能力。不得不承认，当今社会已然步入了一个创新的时代。不创新，就是在等死。不懂得创新的企业失去了它生存的动力，丧失了竞争力，迟早会被淘汰出局，如英国百年老牌超市伍尔沃思、美国昔日第二大连锁书店博德斯公司、诺基亚、宝丽来、柯达……这些业界传奇近年来纷纷破产关停，让人唏嘘不已。

同样，没有创新意识的员工也是最容易被企业抛弃的。任何一个企业都希望自己的员工具有创新力，而且希望自己的创新型员工越多越好，因为他们能给企业带来巨大的价值。

现如今，越来越多的企业中流传着这样一种说法：末流员工故步自封，一流员工积极创新。末流的员工不求进取，喜欢安于现状，他们觉得只要按部就班地做好每天的事情就可以了，更有甚者做一天和尚撞一天钟，敷衍了事。他们舍不得打破如此舒适安逸的状态，却让自己缺乏危机意识，从而失去了创新的意识，最终如在温水中被煮的青蛙一般，使自己的职业生涯濒临死亡。而一流的员工懂得创新的重要性，深知唯有创新，才能让自己变得越来越优秀，才能为企业创造更大的价值，从而成为企业不可或缺的人才，所以他们时刻都没有停止过对创新的追求。

一家大公司决定扩大经营规模，进一步打开产品的销路，于是打算高薪招聘一名业务主管。

公司的招聘广告一出，一时间，报名者云集。面对众多的招聘者，负责招聘工作的人事主管灵机一动，便想出了一个筛选创新型人才的办法。他对应聘者说："相马不如赛马，为了能选拔出高素质的营销人员，我们先让大家销售一样东西。"说完，他便从兜里掏出来一把木梳。看着大家疑惑的表情，人事主管继续说道："请大家把木梳尽可能多地卖给和尚。以10天为限，卖得最多者胜出。"

绝大多数应聘者认为这个人事主管一定是疯了，这怎么可能销售得出去呢？出家人都是剃度为僧，要木梳有何用？于是，很多应聘者纷纷拂袖而去，最后只剩下甲、乙、丙三名应聘者。

人事主管看着这三个人，说："那我们就开始吧，10天之后，我们在这里集合，然后你们把自己的销售结果汇报给我。"

10天期限很快就到了，甲、乙、丙三人也如期回到了应聘的地方。

人事主管问甲："你卖出了多少把木梳？"

甲回答说："1把！"

人事主管问甲道："怎么卖的？"

甲叙述了自己经历的辛苦，他说："我一直在寺庙附近游说和尚买我的木梳，不但没有卖出去一把木梳，反而还遭了不少和尚的白眼，认为我有病。后来，在下山的路上，刚好遇到一个小和尚一边晒太阳，一边使劲地挠头。我觉得他可能需要用梳子梳梳头、解解痒。于是，我便赶忙上去推销。小和尚试用了一下，感觉不错，就高兴地买了一把。"

人事主管问乙："你卖出了多少把木梳？"

乙回答说："10把。"

人事主管问乙："怎么卖的？"

乙说："我跑到了一座著名的寺院，那个寺院有一个特点就是风大，我看那些进香者们的头发都被风吹乱了，如此便去给佛上香，是对佛的不敬。于是我找到了住持，和他道明了这一切，最后主持买了10把木梳，并将它们置于香案前，以供善男信女们梳理鬓发。"

接着，人事主管问丙："你卖出了多少把木梳？"

丙回答说："1000把。"

人事主管惊讶地问丙："怎么卖的？"

丙回答说："我到了一个香火很盛的深山宝刹，那里的香客络绎不绝。我找到住持说，来进香的善男信女都有一颗虔诚的心，宝刹应该有所回赠。我有幸得知住持的书法超群，我这边刚好有一批木梳，如果住持能在这些木梳上刻上'积善梳'三个字，并将它们作为贵寺的回礼赠予他们，一来保佑他们平安吉祥，二来可以鼓励他们多做善事，岂不美哉。此举还能吸引更多的人慕名前来进香朝拜。住持听完大喜，当即便买下了我带的1000把梳子。果真，得到梳子的香客也很高兴，一传十，十传百，该寺的朝圣者越来越多，香火也变得更加兴旺了。这不，住持还想要我再卖给他一批梳子呢！"

当然，最终丙被该公司录用了。

是的，对于末流员工来说，他们觉得这个人事主管简直就是在开玩笑，竟然出了如此荒诞的考题，而且这一定会以卖不出去一把梳子的结局而告终。对于一个墨守成规、故步自封的人来说，一遇到困难只会退缩，只会觉得那是天大的困难，根本大到无法克服。一流的员工却懂得用自己的创造性思维去开拓创新，就像丙一样，在超额完成自己的工作任务的同时，也让那个寺庙的香火变得更加鼎盛。

有人说："创新意识就像黑夜里会发光的萤火虫，不仅能照亮自己，而且能照亮别人，赢得别人的欣赏。"一个会积极创新的员工，不会一成不变地做事，不会沉迷于以往的经验，他们会在遇到问题时具体问题具体分析，从而不断地发挥自我思考的力量，让自己完美地完成每项工作，让自己变得越来越出色，与此同时，还能带动身边的人一起去努力创新，从而形成一个创新的团队，在突破自我、实现自我价值的基础上，提高企业的整体核心创新力，最终实现双赢或多赢的结果。

创新型员工能为企业带来无穷的效益

当今已是知识经济的时代，创造力的价值与日俱增。而对于企业来说，一个具有极强的创新能力的员工，他所创造的价值可能胜过许多普通员工的总和。美国著名小说家欧·亨利曾说过这么一句话："一个聪明人的头脑价值连城！"的确，企业需要创新型员工，因为一个好的创意价值是无限的。一个好的创意，可以让一个濒临破产的企业起死回生，可以为企业带来丰厚的利润和无穷的效益。

美国有一家生产牙膏的公司，产品优良，包装精美，深受广大消费者的喜爱，每年营业额蒸蒸日上。记录显示，前十年每年的营业额增长率为10%~20%，这令董事部雀跃万分。

但是，业绩进入第11年、第12年及第13年时，则停滞了下来，每个月维持同样的数字。董事部对此三年业绩的表现感到不满，便召开全国经理级高层会议，以商讨对策。

会议中，有一位年轻的经理站起来，对董事部说："我手中有张纸，纸里有个建议，若您要使用我的建议，必须另付我5万美元！"总裁听了很生气地说："我每个月都支付你薪水，另外还有分红、奖励。现在叫你来开会讨论，你居然还要求给你5万美元，这是不是太过分了？""总裁先生，请别误会。若我的建议行不通。您可以将它丢弃，一分钱也不必付。"年轻的经理解释说。

"好！"总裁接过那张纸后，阅毕，马上签了一张5万美元的支票给那个年轻的经理。那张纸上只写了一句话：将现有的牙膏开口扩大1毫米。总裁马上下令更换新的包装。

试想，每天早上，每个消费者多用1毫米开口的牙膏，每天牙膏的消费量将多出多少倍呢？这个决定，使该公司第14年的营业额增加了32%。

其实，很多企业发展到一定的阶段都会觉得越走越难，很多问题都会显现出来，就如同上面那个故事中的企业一样，觉得市场大环境竞争日益激烈、经营出现问题、产品销量上不去等。这其实是企业在向企业老板、管理者，乃至员工发出的一个信号，陈旧的经营观念和销售方式已然过时，企业要想有新的发展和突破，就得创新来推动。这个年轻经理便极具创新意识，一句话，一个小小的创意就能为企业带来巨大的营业额，也为自己赢得了应有的报酬。

微软公司创始人比尔·盖茨曾形象地表述："创意有如原子裂变，每一盎司的创意都能带来无以数计的商业奇迹和商业效益。"据测算，仅以工业设计为例，在产品外观的创意性上每投入1美元，就可带来1500美元的收益。如果说创意是思想活动的结晶，那么"创意经济"就可以顺理成章地被理解为是一种思想的交易，而"创意产业"，就是将设计师们的创新思维，转化为产品并进行买卖，实现收益。

日本西武集团开办的第一家酒店叫樱花酒店，在它刚建成时，正值避暑的旺季。由于西武不惜巨资在一些媒体上大做广告，所以，酒店刚开业便人满为患，这着实让酒店的经理小泽感到很头疼。

一天，他跑到集团主席堤义明面前诉苦。"生意不是很好吗？你为什么看上去却是一副愁眉苦脸的样子？""是的，生意是不错，一天到晚，总是有顾客不断地光顾，可是……""还有什么事？""随着酒店的顾客越来越多，酒店已经不能再提供足够的空间来满足人们的休闲活动。酒店后面倒是有一大片山地属于我们集团，可如果要扩建，肯定得等到明年才能完工，所以一个大问题就是应该建个什么样的场所，既快捷又美观。我正是因此才来找您的。"堤义明也被这个问题难住了，他想了又想，最后对小泽说："好吧，明天你将那块土地的相关资料拿过来让我看看。"

第二天一大早，小泽就赶到了堤义明的办公室。堤义明仔细地分析了这些资料，他认为，这确实是一块非常荒凉的土地，但是，在这里建设什么最合适呢？"建一个高尔夫球场，不仅工作量大，而且也显现不出什么特色。"堤义明嘀咕着。小泽也在一旁点头称是。"要不建一个游泳场？你认为怎么样？"小泽回答说："也没有多大意思，因为我们的旁边就是大海。"两个人商议了半天，也没有结果。

当天下午，他们再次会面。没过多久，小泽的一个建议得到了堤义明的赞赏。于是，双方一拍即合。

第二天，当顾客走过樱花酒店的走廊时，发现墙上贴着一张大海报："亲爱的顾客，您好！本酒店的后面有一片幽静的土地，是专门供客人种树之用。如果您有兴趣，请在这个山坡上种下一株象征纯洁的樱花树吧，以表示您忠贞不渝的感情。本酒店还特别提供与小树照相留念的服务，并在树旁留下您的个人资料。如果您有兴趣，只需要支付10000日元的费用即可。"当所有的顾客得知这个消息后，都表示了极大的兴趣，尤其是一些前来度蜜月的新婚夫妇，他们都选择了这项服务，要在这里种下一株樱花树以纪念他们的爱情。

没过多久，酒店后边的那个山坡上就种满了树木，并且立上了一块块写满名字与日期的小牌。从此，到樱花酒店的顾客都要习惯性地到那里散步，并亲手种上一株小树。就这样，几年之后荒山披上了翠衣，也给西武集团带来了丰厚的经济效益。

创意，就有这样非凡的作用与威力。好的创意不仅能创造财富，更是财富的化身。许多企业就是凭一个好的创意发达的，许多人就是靠奇妙的创意致富的。

就像故事中的樱花酒店一样，如果它像其他酒店一样，将后山的空地做成酒店，不仅要耗费大量的人力、物力和财力，同时也不能短时间内收回成本，而在用了一个好创意之后，不仅让酒店获益不少，还在无形中创造了口碑营销，引得更多的人慕名来酒店入住。如此，不正是一举多得。

任何人的一生，都会有很多好的创意产生，关键是要认识到它的价值，抓住机会，将创意付诸实践，成为财富增长的源泉。不要放弃任何一个好的创意，好的创意就是取得财富的机会。如果你具有这种能力，就应该把握时机，从而在工作中创造伟大的业绩，在为企业带来财富的同时也会给自己带来相应的回报。

打破常规，跳出自我的局限

不少员工，不管是职场新人还是职场老将可能或多或少都碰到过以下类似的情形。

第一种情形：老板给你布置了一个任务，你的第一反应便是"这次的任务根本不可能完成""这个任务太难了，我肯定不行"，但是当你认为不行，老板将这些事情转交给其他同事处理时却总有人可以完成，甚至有时这个出色完成的同事无论从资历还是能力来说，可能都不如你。

第二种情形：在现实生活中，有太多的人已经形成了自己固有的思维方式，在处理一些事情时，会不自觉地就按照以前的经验去做，这样一来自己对这种处理方式熟悉，二来可以省去很多"不必要地思考"。殊不知，如此一来，你就会被以往的经验及常规思维束缚，从而很难有大的突破或得出更好的解决之道。

以上这两种情形的主要问题就在于这些人喜欢按常理出牌，喜欢自我设限，无论是觉得自己不行、做不来，还是不愿意动脑筋、打破常规，其实都是人的一种本能的防卫行为，这种行为可以防止自身能力不足带来的挫败感，暂时维护自我价值感，但是与此同时它也剥夺了你不断提升自我、进而成功的机会。因此，真正让大多数人在成功路上止步的，不是才能，也不是环境，而是自我局限的信念。

有人曾经做过这样一个实验：他往一个玻璃杯里放进了一只跳蚤，发现跳蚤立刻便能轻易地跳了出来。再重复几遍，结果还是一样。根据测试，跳蚤跳的高度一般可达到它身体的400倍。

接下来，实验者再次把这只跳蚤放进杯子里，不过这次是在放跳蚤的同时在杯上加了一个玻璃盖，"嘣"的一声，跳蚤一跳起来便重重地撞在了玻璃盖上。跳蚤十分困惑，但是它不会停下来，因为跳蚤的生活方式就是"跳"。

一次次被撞，跳蚤开始变得聪明起来了，它开始根据盖子的高度来调整自己跳的高度。过了一段时间之后，实验者发现这只跳蚤再也没有撞击到这个盖子，而是在盖子以下自由地跳动。

一天后，实验者把这个盖子轻轻地拿掉了，跳蚤还是在原来的这个高度继续跳着。三天后，他发现这只跳蚤还在以同样的高度跳着。

一周以后，同样如此。虽然跳蚤有跳出那个玻璃杯的实力，但它却永远也无法再跳出那个玻璃杯了。

在生活和工作中，也有很多人像上面那只跳蚤一样，常常会陷于自我设限的境地：放弃这次应聘吧，我学历那么低，这家公司不会聘用我的；这次任务那么艰巨，我一个人一定是无法完成的；我这个人一向缺乏魄力，这件事情已然突破了我的挑战极限……貌似遇到各种问题和困难，我们都会寻找出无数的理由来安慰我们自己，麻痹我们的神经，进而在扼杀自己的潜力和欲望的同时，使自己堕入平庸！

让我们重新来认识一下创新的含义吧！创新是指人们为了发展需要，运用已知的信息和条件，突破常规，发现或产生某种新颖、独特的有价值的新事物、新思想的活动。创新的本质是突破，即突破旧的思维定式、旧的常规戒律。所以，一个人要创新，就要敢于想人所不敢想，为人所不敢为。

日本的东芝电气公司1952年前后曾一度积压了大量的电扇卖不出去，七万多名职工为了打开销路，费尽心思地想了不少办法，但依然进展不大。

有一天，一个小职员向当时的董事长石坂提出了改变电扇颜色的建议。在当时，全世界的电扇都是黑色的，东芝公司生产的电扇自然也不例外。这个小职员建议把黑色改为浅色。这一建议引起了董事长石坂的重视。经过研究，公司采纳了这个建议。

第二年夏天，东芝公司推出了一批浅蓝色电扇，大受顾客欢迎，市场上还掀起了一阵抢购热潮，几个月之内就卖出了几十万台。从此以后，在日本乃至全世界，电扇就不再是一副统一的黑色面孔了。

之前，在大家的脑海中，电风扇只能是黑色的。这样的惯例、常规、传统，反映在人们的头脑中，便形成一种心理定式、思维定式。时间越长，这种定式对人们的创新思维的束缚力就越强，要摆脱它的束缚也就越困难，越需要做出更大的努力。然而，这个小职员的建议就是打破大家的这种思维定式，只是改变了一下颜色，大量积压滞销的电扇，几个月之内就销售了几十万台。这一改变颜色的设想，效益竟如此之大。

在工作中遇到困难及问题时，我们本能地会以自己的专业知识及以往的经验为出发点去考虑解决之道，这是毋庸置疑的，因为经验的获得是宝贵的。有时候经验能让我们更快、更好地解决问题。但是，当我们试着打破常规，打破原有的思维定式，摆脱以往经验的束缚时，我们的思路也会变得更加开阔，从而能快速寻找出新的解决之道，困难和问题自然就很容易迎刃而解了。

土耳其有句古老的谚语说："每个人的心中都隐伏着一头雄狮。"在今天的职场中，只要敢于突破自我限制，让心中的雄狮醒来，谁都可以成就卓越，完成不可能完成的任务，最终创造奇迹、创造自己的美好人生。

敢于有不同的想法

法国心理学家约翰·法伯曾做过一个著名的实验——"毛毛虫实验"：他将一些毛毛虫"首尾相接"地放在一个花盆的边缘，让它们绕着花盆的边缘爬行，并在离花盆不远的地方放上了毛毛虫最喜欢吃的松叶。

约翰·法伯以为毛毛虫在转圈的过程中会很快发现那些它们爱吃的

食物，但遗憾的是，毛毛虫并没有那样做，它们仍然一个跟着一个地继续转圈。

一个多星期过去了，这些毛毛虫仍然执着地绕着圈爬行，最终因为太过饥饿和精疲力竭而相继死去。

这是一个很典型的"从众效应"。其实，无论是在生活中还是职场中，大多数人有着从众心理。一是让自己能有心理上的认同感，即使自己错了，那么大家也是一起错的，而且倾向大多数人的意见会让自己显得不是那么特别和孤立，从而使得自己是受欢迎的。二是与众不同需要承担太多的压力和风险，要知道，"木秀于林，风必摧之"，为了不让自己成为众矢之的，也应该从众。

虽然从众会给我们带来如此多的好处，却也会让我们变得消极、懒惰、懦弱而失去个性和创造力。在职场中，无论是个人还是企业，乃至国家，要想求得发展，离不开创新，不然就只会如毛毛虫一样在饥饿和精疲力竭中死去。

让我们再来看一个小男孩的故事吧！

在美国伊利诺伊州的哈佛镇，有一群孩子经常利用课余时间到火车上卖爆米花。一个10岁的小男孩也加入了这一行列。他不但卖爆米花，还往爆米花里掺入奶油和盐，使其味道变得更加可口，结果他的爆米花比其他任何一个小孩的都卖得好。因为他懂得如何比别人做得更好，创优使他成功。

当一场大雪封住了几列满载乘客的火车时，这个小男孩赶制了许多三明治拿到火车上去卖。虽然他的三明治做得并不怎么样，但还是被饥饿的乘客抢购一空。因为他懂得如何比别人做得更早，抢占先机使他成功。

当夏季来临，小男孩又设计出能挎在肩上的箱子，里面放着特制的蛋卷，蛋卷的中间还放上冰激凌。结果这种新鲜的蛋卷冰激凌备受乘客欢迎，使他的生意火爆一时。因为他懂得如何比别人做出有新意的东西，创新使他成功。

当车站上的生意红火一阵后，参与的孩子越来越多，这个小男孩意识到好景不长了，便在赚了一笔钱后果断地退出了竞争。结果，孩子们的生意越来越难做了，不久车站又对这些小生意进行了清理整顿，而他因为及早退出没有受到任何损失。因为他懂得如何比别人更清醒，一件事在大家都看好时他能保持清醒的头脑，及时抽身出来，及时抽身使他成功。

一个比别人做得更好、做得更早、做得更新、做得更清醒的人，一个懂得如何创优创新、抢占先机并及时抽身的人，怎么可能不成功呢？

后来，这个小男孩果然成了一个不凡的人，他就是摩托罗拉公司的创始人和缔造者保罗·高尔文。

小男孩总是敢于有不同的想法，敢于去创新，从而使自己赚到了一笔又一笔钱，而最终他也成了一个卓越的人才。说不定，别的小孩也会有自己的很多想法，但是他们选择了从众，所以只能跟在别人的身后赚点小钱。

所以，当你清楚自己的创意是有益时，请一定要大胆地说出来，再付之行动。说不定，你的想法就能为企业创造大额的利润或节约大批的成本呢？

培养你的创新能力

既然创新能力对个人、对企业乃至对一个民族的进步都如此重要，我们就应该足够重视对自己创新能力的培养。那么，我们应该如何培养自己的创新能力呢？

1. 让自己不满足于现状，时刻保有危机意识

一个人如果每天对自己的生活、工作都感到很满意，那么他就会缺乏斗志，没有进取的动力，长此以往，就等于是在自甘堕落、自我放弃。所以，一个人要时刻让自己处于饥渴的状态，因为只有不满足才会去不断地追求，才不至于贪图享乐，才会觉得还有需要进步的空间。

俗话说："生于忧患，死于安乐。"我们还要时刻保持忧患意识，一个人只有处在困境中才容易激发自己奋斗的力量，激发进取创新之心。要知道，这个地球离了谁都照样能转。你只有不断地努力向上，才能有新的生命，才能成就更优秀的自己。

2. 绝不丢弃自己的好奇心，学会思考和质疑

有人说："好奇害死猫。"殊不知，好奇心是一切发明创造的源泉：

莱特兄弟因为好奇鸟儿是怎样飞上天的，加以实践，所以发明了飞机；富兰克林因为好奇雷电是不是神灵的怒火，加以实践，所以解开了雷电之谜；而爱因斯坦和爱迪生等科学家，从小也是因为好奇心，想弄懂一切，从而成了科学家、发明家……种种迹象表明，任何发明创造都是靠好奇心，这么说来，你是不是应该保护好自己的好奇心，不能轻易地就把它丢弃了呢?

一个有好奇心的人，其实也是一个会引发独立思考和质疑的人。遇到问题时，他们不会人云亦云，也不会把任何事情看成是理所当然的结果。他们懂得透过表面现象去寻找真正的问题所在。在大胆质疑、刨根问底、寻求事物的根源时，多观察、多思考，反而能擦出更多创新性思维的火花。

3. 随时记录下自己的一些想法

当你在做什么事情或是在和同事进行业务讨论时，你脑海里可能会突然出现一些想法和创意，这时你需要及时地将它们记录下来。因为一来你很可能在下一秒就会将它忘掉，二来这个想法在当时可能还不成熟或者暂时还不需要，过段时间当你遇到某个问题或难题时，这有可能会是一个很棒的解决之道，到那时，你会全力去丰富你的这个想法和创意，当然有人还会收获意外的惊喜，想出一个很棒的解决方案来。这就是一个不断捕捉新的创新性思想的过程。

4. 换一种方法来思考

很多人喜欢用经验主义来解决一切问题，但有时候这种墨守成规是不可能产生创新力，也无法使人脱离困境的。

有人喜欢用比较分析法来思考问题，面临抉择，他总是坐下来将正反两方面的理由写在纸上进行分析比较；也有人习惯于用形象思维法把没办法解决的问题画成图或列成简表。试着换一种方法来思考问题，比如，你习惯于正向思维，那就试试逆向思维。在这个过程中，你会根据不同的角度去审视出现的问题，而且在和正向思维时考虑的地方有没有不妥之处，不足的地方，需要改善的地方，等等。通过不同思考点、思考策略的相互交锋，会让你的思考变得更加成熟和全面。

5. 努力实施创新性的想法

对于很多人来说，说是一回事，做又是另外一回事。换句话说，就是想法很多，实施的很少。

有了创新性的想法，如果不去努力实施，再好的想法也只是空想。试想，爱迪生想发明电灯而他没有去实践，只是天天埋头空想，那么也就不会有如此伟大的成就了。要知道，实践是检验真理的唯一标准。如果你不去实践，那么你就无法确定这个创新性的想法的可行性到底如何。如果你有好的创新性想法，请一定要将它付诸实践。

6. 不要害怕失败

一个人要想成功，要想提高自己的创造力，那就要有一颗不怕失败的心。如果你每天都在担心自己随时会失败，怕承担风险，那么你一定也不敢越雷池一步。

俗话说："失败是成功之母。"绝大多数的成功都是在失败中挺过来的。失败教会了我们这个方法行不通，需要重新再找新的方法，总结经验及教训，在跌倒的地方爬起来继续前行。失败是实践、是经历，多实践、多经历才能提高我们的创新能力。

第九章

负责，请带着正能量去工作

对工作热忱的人，具有无穷的力量。

——成功学大师　卡耐基

迸发激情，让它点燃你的工作前途

成功学大师卡耐基说："对工作热忱的人，具有无穷的力量。"比尔·盖茨也曾说过这么一句话："每天早晨醒来，一想到所从事的工作和所开发的技术将会给人类生活带来的巨大影响和变化，我就会无比兴奋和激动。"所有优秀的人士无一不是对工作充满激情的人。

无数的事实也证明，一个人的成就通常不会超过他的真实期望。如果你期望自己在工作中能够取得成就，那么你必须要用积极肯定的声音对自己说："我要成功，我一定会成功！"当你用这种积极肯定的声音不断地重复告诉自己时，其实你就是在用激情的正能量不断地赐予自己力量。

工作激情，是一种洋溢的情绪，是一种积极向上的态度，更是一种高尚珍贵的精神，是对工作的热衷、执着和喜爱。它是一种力量，使人有能力解决最困难和复杂的问题；它是一种推动力，推动着人们不断前进；它是一种创造力，让你能从工作中找到乐趣，不断激发你的灵感，最大化激发你的潜能。

一个人如果能在工作中始终保持着高度的热情，他就能把全身的每个细胞都调动起来去完成自己热爱的工作。有激情的人会认为自己的工作是一项神圣的职责，不论工作有多么困难或需要多少努力，始终会用不急不躁的态度去做好它。

美国有一个叫塞尔玛的年轻女人随丈夫到沙漠腹地参加军事演习。塞尔玛一个人孤零零地留守在一间集装箱一样大小的铁皮屋里，炎热难耐，周围只有墨西哥人与印第安人。因为他们不懂英语，她无法和他们进行交流。她寂寞无助、烦躁不安，现在的她看上去比她的实际年龄要老10岁。于是，她写信给自己的父母，说自己想离开这个鬼地方。

父亲的回信只写了一行字："两个人同时从牢房的铁窗口望出去，一个人看到了泥土，另一个人看到了繁星。"塞尔玛一开始没有读懂其中的含义，反复读了几遍之后，才感到无比惭愧。于是，她决定留下来，在沙漠中寻找属于自己的"繁星"。

一改往日的消沉，她要寻回往日的激情。她与当地人广交朋友，学习他们的语言。她付出了极大的热情，人们也回报了她的热情。她非常喜爱当地的陶器与纺织品，于是人们便将舍不得卖给游客的陶器、纺织品送给她当作礼物。塞尔玛深受感动。她的求知欲望与日俱增。她十分投入地研究了让人痴迷的仙人掌和许多沙漠植物的生长情况，还掌握了有关土拨鼠的生活习性，观赏沙漠的日出日落，并饶有兴致地寻找海螺壳。她为自己的新发现激动不已。于是，她拿起了笔，一本名为《快乐的城堡》的书在两年后出版了。

在经历了心灵的苦难后，"繁星"最终成了塞尔玛的工作动力。这个动力让她用热情代替了原来的沉寂。沙漠没有变，当地的居民也没有变，只是塞尔玛变得比以前有激情了，整个人也显得更年轻了。

年轻女人塞尔玛从寂寞无助、烦躁不安到最后转变成充实、收获颇丰的人，就是因为她找到了自己的"繁星"、自己的激情。

对于老板而言，他们也希望自己的企业里拥有一批对工作充满激情的员工。因为这类员工本身就带着一股强大的正能量，他们对工作积极、认真的态度，是解决公司一切问题的关键，也是不断推进企业向前的动力之源。而且激情的情绪是具有感染性和带动力的，可以影响和带动周围更多的人热切地投身于工作之中，大家相互鼓励，一起为着共同的目标，饱含激情地去工作，那么这个企业一定是有鲜活生命力且生命力持久的企业。

然而，有些员工觉得整天面对着烦琐的工作甚是乏味，而且经常容易出错，怀疑是不是自己的工作能力有问题。其实，你缺乏的可能不是工作能力，而是工作激情！当你对工作失去了激情，那么你永远也不可能在职场中立足和成长。

既然激情对于我们更好地工作如此重要，那么我们应该如何培养自己的工作激情呢？

1. 努力培养强大的自信心

当在工作中遇到困难时，一定要对自己说"我能行"，从而树立起强大的自信心。通过不断地尝试，你一定能够解决问题。当然，你对待工作的激情以及你的自信都逃不过老板的"法眼"，老板们会给你分配更多的、更能提升你能力的工作。慢慢地，你会在不断地尝试中不断进步，在不断地进步中反过来又不断地加强自信心。

2. 苦练基本功，做好扎实的功课

苦练基本功，多学习专业知识，才能在某个工作岗位发挥潜在的优势。如果基本功不扎实，你在团队里一定混不长久，久而久之，你的自尊

心也会受到伤害。试问，你这样怎会对工作有激情呢？

3. 要协调好工作难度和工作能力之间的差距

如果工作太过简单，就无法激起一个人的工作热情，大脑必然会很松懈，从而不能取得应有的工作效率；反之，如果工作难度太大，以至负担过重，无法胜任就会打击一个人的自信心，让他陷入沮丧之中。

每个人、每个时期的能力大小是不一样的，所以，要清楚认识到自己的工作能力，随时协调好工作难度和工作能力之间的差距。

4. 让工作价值和你的兴趣相结合

如果你从事的是一份你认为无足轻重的职业，那你肯定不会忘我地去工作。只有当你选择的职业符合你的价值观、能充分发挥你的特长，让你觉得有意义的时候，你才会不断努力、争取成功。因此，你可以列出几项自己喜爱的职业进行分析，分别找出是什么吸引你，然后找出你觉得最有意义的一项去从事。它将成为激励你克服障碍，锐意进取的动力。

5. 明确工作的目的性

我们在做具体工作的时候，很容易只是把它作为一项任务来完成。然而，每项工作都有明确的目的。我们如果能随时在心里明确这个目标，提醒自己，完成这项任务将有利于推动整个项目的进展，我们也就有了努力的方向，而不至于懈怠。

6. 对工作进行一定的安排

我们要将每天的工作按照轻重缓急提前进行一定的安排，按照设定好的步骤去完成。

明确地规划好需要处理的事情和时间，这样有利于你以轻松的心情对待工作，还可以提高自己的工作质量及工作效率。

7. 发展自己的业余爱好

适当的时候，我们要发展自己的业余爱好。毕竟每个人的精力是有限的，不可能永远在工作上挥洒激情，特别是有时候在屡屡受挫下，这时去做一些自己喜欢的业余爱好是一个很好的调节方式，放松自己，减减压，从而让自己再次能有充足的精力去投入工作。

我们应该时刻记住，激情是一种正能量，它是战胜所有困难的强大力量，它使你保持清醒，使你全身所有的神经都处于兴奋状态，去进行你内心渴望的事。当你真正拥有了这种正能量，你就可以"把工作做得超乎别人的想象"，这也将成为你的事业征途中的制胜之道。

无论做什么工作，请全身心地让自己充满激情地投入到工作中去吧！只有这样，你才能变成更加卓越的自己；只有这样，才能让激情为你点燃工作的前途。

卓越的员工从不抱怨

在职场中，我们经常会听到一些员工在抱怨：抱怨工作压力大，抱怨自己怀才不遇、不被公司重视，抱怨上司苛刻，抱怨同事难相处，等等。

似乎他们在工作中没一处是满意的，他们总是无时无刻不在抱怨，这山望着那山高，沟壑难填。你可以发现他们的脸上永远看不到笑容，总是一副唉声叹气、苦大仇深的样子。

有机构针对上千人做过很专业的调查，结果显示，1000人中抱怨自己怀才不遇、不得志的竟然达到80%，这说明抱怨在职场、生活中是很普遍的现象。

殊不知，抱怨是一种极强的负能量，它就像致命的毒瘤一般，一旦染上就难以消除，而且还会给你的工作和生活带来极大的、糟糕的影响，让你在抱怨的心态中不断退步。只要我们的头脑中一有抱怨的意识，我们立即就会停下或者放慢手中的工作，为自己鸣不平、找借口。长此以往，不仅会让我们的工作效率变得更加低下，还会直接影响我们的心态。何况，没有一家企业会喜欢自己的员工整天喋喋不休地抱怨，不干实事。因为抱怨除了让员工自己的心情更加烦躁，它还会像瘟疫一样传染至整个企业，影响其他员工的工作积极性，动摇军心，伤害企业的元气。

事实上，我们也很难找到一个成功人士经常大发牢骚、抱怨不停的，因为成功人士都明白这样一个道理：抱怨如同诅咒，怨言越多越容易退步。

李桐大学毕业后，凭着自己的优异成绩，进了一家合资企业工作，预计自己在5年内升为公司部门经理。

雄心勃勃的李桐进入公司后准备大干一场。企业的文化提倡民主，提倡基层员工与管理层平等对话和沟通，她对此非常认同，就常常根据自己的看法向部门领导提一些意见，而部门领导也的确是一副虚心好学的态度，非常耐心地倾听。可是李桐却很少得到领导的及时反馈，她认为部门领导只不过是假装虚心接受了自己的意见，其实根本没想着要改正。

　　于是，李桐就不再提意见了，而是开始抱怨、发牢骚。时间一长，她的工作满意度开始逐渐下降，工作时也经常出错，遭到领导的多次批评。不久，公司便辞退了她。

　　李桐自我安慰道，换个工作环境也好。不久，她便顺利地进入了一家外资公司工作。可是没过多久，她发现这家公司的管理跟以前那家不能比，日常运作存在太多问题。一时间爱抱怨的毛病又上来了，为此还跟顶头上司发生了几次争执。这次她没等公司下解聘书，就主动提交了辞呈。

　　就这样，5年的时间里，李桐换了数十个工作，每次她都是发现新公司的一大堆毛病，抱怨越来越多，当初的职场晋升计划也成了竹篮打水一场空。

　　是什么扼杀了李桐的晋升梦想？是抱怨。哪个公司不存在问题呢？哪个上司身上没有毛病呢？爱抱怨的员工随时随地都能找到抱怨的理由，可是你能从中得到什么呢？恐怕你什么都没有得到，还白白赔掉了自己职业发展的宝贵机会。

　　作为企业的员工，可取的态度应该是感恩企业给予自己的一切，并以实际工作回馈企业，兢兢业业、任劳任怨，努力提高自己的能力，对自己的本职工作做到精益求精，主动去找事做，为企业分忧解难。当自己想要抱怨时，不妨静下心来认真地审视一下自己，分析工作中出现问题的根源，这样你才能避免抱怨，获得成长和进步。

　　试着环顾你周围，你会发现单位中没有人是因为喋喋不休的抱怨而获得奖励和提升的，那些负责任、认真工作的人是从来都不会抱怨的。

索尼公司是世界上最受敬仰的公司之一，创始人盛田昭夫曾经说过这么一个故事。

东京帝国大学的毕业生，在索尼公司一直非常受欢迎。有个叫大贺典雄的帝国大学高才生，是一位很有才华的青年。他加入索尼公司之后，年轻气盛、直言不讳，还曾多次与盛田昭夫争论。但盛田昭夫喜欢这个敢于独立思考的年轻人，非常器重他。

可不久，却出了件出人意料的事，盛田昭夫居然把大贺典雄下放到了生产一线，给一位普通工人当学徒。这让很多员工迷惑不解，他们猜测，他一定是某次说话过于直接，得罪了盛田昭夫。还有人为大贺典雄感到不平，但大贺典雄对此只是淡淡一笑，踏踏实实地当起了学徒。

一年后，更让人大跌眼镜的事情发生了，还是学徒工的大贺典雄居然被直接提拔为专业产品总经理，员工们对此更加百思不得其解。

在一次员工大会上，盛田昭夫为大家揭开了谜团："要担任产品总经理，必须要对产品有绝对清楚的了解，这就是我把大贺典雄下放到基层的原因。让我高兴的是，大贺典雄在他的岗位上干得不错。不过，真正让我坚定提拔念头的还是这件事：整整一年，他在又累又脏又卑微的工作环境下，居然没有任何的牢骚和抱怨，而是兢兢业业、甘之若饴。"

人们终于明白了其中的原因，不由得报以热烈的掌声。5年后，也就是在大贺典雄34岁那年，他成了公司董事会的一员，这在因循守旧的日本企业，简直是前所未闻的奇迹。

工作是我们的生存需要，也是实现价值、超越自我的平台。当你意识到你在认真工作的时候，你就不会沉溺在抱怨、折腾、懈怠的负面情绪中，你的世界也会因此而改变。那时，你会发现，改变的不是生活和工作，而是你的工作态度。

当我们带着一颗积极向上的心去认真工作的时候，将不会再抱怨身边的人与事，不再讨厌那些琐碎的小事，不再漠然地对待手中的事情。当我们执着于当下，用心融入工作中时，那么你就完全有可能获得领导的欣赏，你所在的企业也会回馈给你一个美好的未来。

要想达到百分百，就要努力做到最好

艾森豪威尔是美国第34任总统，他年轻时经常和家人一起玩纸牌游戏。

一天晚饭后，他像往常一样和家人在一起打牌。这次，他的运气特别不好，每次抓到的都是很差的牌。刚开始时他只是有一些抱怨，后来，他实在是忍无可忍，便发起了少爷脾气。

一旁的母亲看不下去了，严肃地说道："既然要打牌，你就必须好好打下去，不管你手里的牌是好是坏。好运气是不可能都让你碰上的！"

艾森豪威尔听不进去，依然愤愤不平。于是，母亲又对他说道："人生就和打牌一样，发牌的是上帝。不管你拿到的牌是好是坏，你都必须拿着，你都必须面对。你能做的，就是认真对待，全心全意地把自己的牌打好，力争达到最好的效果。这样打牌，这样对待人生才有意义！"

艾森豪威尔此后一直牢记母亲的话，并激励自己去积极进取。就这样，他一步一个脚印地向前迈进，成为中校、盟军统帅，最后登上了美国总统之位。

是呀，很多人都希望自己能得到上天的眷顾，不需要为自己的未来去努力拼搏，便能过上锦衣玉食的生活；不需要奔波劳碌，就能完成所有的业绩；不需要认真工作，便能不断获得升职加薪……殊不知，天下没有免费的午餐。所有的美好生活、漂亮的工作成绩都需要你按照自己的目标去执行，努力去做到最好，才能有回报。如果上天给你发了一手烂牌，你只知道愤愤不平、怨天尤人，坐等好运的到来，那么成功将永远都不会降临在你的身上。就像艾森豪威尔的母亲所说，只有全心全意地把手中的牌打好，力争达到最好的效果，这样的人生才有意义。

所以，一个人无论从事什么职业，在工作中都要怀揣着一颗认真负责的心，投入自己百分之百的精力，全力以赴，努力追求，那么你就一定能成为企业的精英、老板身边的得力干将，从而迎来自己事业上的成功。

1950年7月的一天，在纽约市的一个热闹街区，出现了一个年轻人的身影。

年轻人脸色憔悴，他的衣服和鞋子都破旧不堪。显然，他走了很长的路。当时的他是在找工作。

他生在贫民窟，家里还有几个兄弟姐妹要养活，日子过得很是艰难。所幸他还年轻，有的是力气。他在卡车司机联合会大楼前打一些零工，但是这样的机会并不是很多。所以，他决定去找一份稳定的工作，赚点钱来贴补家用。

他已经走了好几个街区了，还是没有人愿意雇用他。虽然有些泄气，但是他还是抱着一丝希望四处张望着。

前面有一群人，踮着脚，伸长了脖子，使劲地看着墙上贴着的一张招工启事。原来百事可乐公司要招聘一名员工，工作内容是清洗机器上黏稠的糖浆。大家都在观望，没人去应聘，他们只想看看，到底哪个傻瓜愿意去干这种既费力、报酬又低的工作。

他毫不犹豫地报了名。这种工作很辛苦，一会儿要跪下，一会儿要蹲着，一会儿要弯着腰，但是他不怕，他细心地擦拭着机器，并且把它们擦得非常干净。

有一次，有个工人开着装卸车不小心撞碎了二十多箱饮料，弄得满地都是黏糊糊的。虽然很生气，但他还是用了整整一个晚上的时间把地板擦干净了。

老板看到他完美的工作表现，除了多付给他一些酬劳外，还表示想请他下次再来工作。

后来，他参军了，上了战场。再后来，他又上了军事学校。

无论是学习，还是工作，他都全力以赴，非常拼命。

天道酬勤，就是凭着这股子拼劲，他的肩膀上有了两颗将星，他是晋升到如此高层的为数不多的黑人军官之一。后来，他又接收了美国的军队。1990年，他运筹帷幄，在海湾战争中大获全胜。1993年9月30日，他退役了，随即辞去参谋长联席会议主席的职务。2001年1月至2005年1月任国务卿，是美国历史上第一位黑人国务卿，他成了世界所熟知的草根领导人之一。

他就是美国前国务卿科林·卢瑟·鲍威尔，他能从一个洗机器的工人做起，一步步走到了今天，绝对不是偶然，而是他百分之百努力付出的回报。

是的，科林·卢瑟·鲍威尔的努力不是偶然，所有的工作他都尽力地去完成，完美地去落实，遇到困难也从不退缩，因为他知道只要自己百分之百地认真去做，就一定能克服重重困难，做到最好。

在竞争激烈的职场中，百分之百地认真付出意味着你在对待工作时要全力以赴。那么，什么叫全力以赴呢？全力以赴就是对自己所做的事情拼尽所有力气，不达目的誓不罢休。但是，很多员工却做不到，因为他们觉得自己已经尽力而为了，结果就是那样了，他们也没办法。

很多人认为"尽力而为"只是一个被动词，就是为自己不愿意做的事情找的一个借口罢了。如果自己最终没做到或做好，那么也不至于太丢面子，因为至少我已经说过我会尽力了，完成与否我却不敢保证。

一位著名的马拉松运动员曾经创下人类首次徒步横越撒哈拉沙漠的世界纪录，历时111天、行程7500公里。他谈到，自己能取得这么出色的成绩，主要源于高中时的一次经历。

在一次比赛前，教练问他准备好了没有，他说："准备好了，我会尽力。"结果，教练一听，立即在他头上打了一下，严厉地训斥他说："不是尽力，而是拼命。尽力是指你跑完之后，还能坐下来和别人喝茶聊天，而拼命是跑完之后，你直接被送到医院。"

教练的话深深地刻入他的心中，正是在这种精神的引领下，使他创下了许多不可思议的纪录。一个人的潜能，往往不是"拿出来"的，而是"逼出来"的。

当你以"全力以赴"的态度去做时，那种心态和努力劲儿和"尽力而为"是完全不在一个档次上的，你会不断地开发自己的潜能，千方百计地想把事情做到最好。

勇于挑战"不可能"的任务

美国著名钢铁大王德鲁·卡内基曾说过这么一句话："我们所急需的人才，不是那些有着多么高贵的血统或者多么高学历的人，而是那些有着钢铁般的坚定意志，勇于向工作中的'不可能'挑战的人。"这是多么掷地有声、发人深省的一句话啊！是呀，不论是一名员工，还是一个企业，只有具备进取的精神，勇于挑战"不可能"的任务，才能让自己保持年轻的活力，不断地进步、不断地向前。

然而，所谓的"不可能"的任务，其难度是可想而知的。你要投入大量的时间、精力，全心全意认真地去做才有可能完成，只要你一松懈，就不可能完成。

如今享誉全球的麦当劳公司就是在莫里斯·麦当劳和查特·麦当劳两兄弟不向困难屈服，敢于向"不可能"挑战的精神中诞生的。

20世纪20年代，这对心怀跳跃之心的"不安分"的小青年毅然告别乡村老家，勇闯美国著名影城好莱坞。

1937年，历经多次挫折的兄弟二人，抱着永不服输的念头，借钱办起了全美第一家"汽车餐厅"，由餐厅服务员直接把三明治和饮料等送到车上——也就是说，麦当劳兄弟二人最初办的是路边餐馆，定位于服务到车、方便乘客的经营方式。

由于形式独特，餐厅很快一炮打响，一时间他们的"汽车餐厅"独领风骚。后来人们纷纷效仿，办"汽车餐厅"的人日益增多，麦当劳兄弟的生意大不如初，而且每况愈下。

在困难面前，兄弟二人没有丝毫退缩、沮丧和消沉，继续冥思苦想着再一次勇敢超越自己的良策。他们摒弃了原有的"汽车餐厅"的服务理念，转而在"快"字上大做文章，以"想吃花哨和高档的请到别处去，想吃简单、实惠和快捷的请到我这儿来"的全新经营理念吸引了千千万万顾客蜂拥而至，并一举获胜。

但是兄弟二人并没有就此满足，继续敢想敢干，敢在"冒尖"和"出奇"上制胜。比如，后来推出小纸盘、纸袋等一次性餐具，进行了厨房自动化的革命等来不断迎接新的挑战。

正是因为麦当劳兄弟有了这种不断战胜和超越自我的决心和勇气，并将这种决心和勇气付诸实践中，才使得他们把在一般人眼里已经很好或根本不可能的事，彻底推翻或改写，从而一步步登上快餐业霸主的地位。

勇于向"不可能"挑战的精神、信心和勇气，是一个员工获得成功的根本基础，也是他事业成功的重要砝码。

然而，在现实工作中，虽然有不少优秀的员工，但他们缺乏挑战困难的激情和勇气。他们只做自己熟悉的工作，对有困难的工作从来不积极，能躲就躲，能推就推。即使是领导硬派给他，他也总是一副心不甘情不愿的态度，敷衍了事。

阿倍特先生是美国一家航运公司的总裁，他提拔了一位非常有潜质的人到一个生产落后的船厂担任厂长。可是半年过后，这个船厂的生产依然不能够达到生产任务指标。

"怎么回事？"阿倍特先生在听了厂长的汇报之后问道，"像你这样能干的人才，为什么不能够拿出一个可行的办法，激励员工完成生产指标呢？"

那位厂长回答说："我曾用提高奖金或扣除薪水的方法去管理他们，但无论我采取什么方法，都改变不了一些员工消极的现状。他们干活就是提不起劲来。如果实在不行，就招聘新人吧，让他们走人！"

这时，恰逢太阳西沉，夜班工人已经陆陆续续向厂里走来。

"给我一支粉笔。"阿倍特先生说，然后他转向离自己最近的一个白班工人，"你们今天完成了几个生产单位？"

"6个。"白班工人回答道。

阿倍特先生便用粉笔在墙壁上写了一个大大的、醒目的"6"字。写完后，他便一言未发地离去了。

夜班工人走进车间时，看到这个醒目的"6"字，就问白班工人是什么意思。

白班工人实话实说道："阿倍特先生今天来这里视察，他问我们完成了几个单位的工作量，我们告诉他6个，他就在墙壁上写了这个'6'字。"

次日早晨，阿倍特先生又走进了这个车间，夜班工人已经将"6"字擦掉，换上了一个大大的"7"字。

下一个早晨，白班工人来接班的时候，他们看到一个大大的"7"字写在了墙壁上。

此时，接班的工人不服这口气，便全力以赴地加紧工作。下班前，他们在墙上留下了一个大大的"10"字。

于是，生产状况就这样逐渐好起来了。不久，这个一度生产落后的厂子比公司别的工厂的效益高了很多。

阿倍特总裁就这样巧妙地用一个数字激发了员工强烈的挑战意识，而这种挑战意识使得员工充分发挥出了他们潜在的能量，起到了你追我赶、相互激发的作用，结果使工厂的生产效率获得前所未有的提升。

可见，在工作执行中，员工的挑战意识是多么重要。事实上，我们每个人的身上都蕴含着极大的能量。勇于向不可能的任务挑战，有利于我们不断打破自我限制的束缚，充分发挥出自己的潜能。

作为一名普通的员工，也许平时不会经常有一大堆高难度的工作等待着你去做。但是在遇到有困难的工作时，不要害怕，反而应该高兴，因为这恰恰是给了你提升能力的机会，如果你想打破平庸的生活模式，实现从优秀到卓越的跨越，那么请不要犹豫，勇敢地接受挑战吧。虽然在挑战的过程中会失败、会碰壁，但是只要你坚持下去，尽全力去做，那么你迟早会成功的。

机遇总是青睐认真努力的人

现在很多人讨厌参加同学会，因为当你去参加时，会发现10年前大家都差不多，怀着一腔热血和希望进入社会，但10年之后，有人已事业有成，有人却尚在彷徨，依然在职场的底层混着，只是多了很多牢骚：要是老子有某某当初的那个机会，我也会混得人模狗样的！但是，扪心自问，当机会真正到来时，你准备好了吗？

约翰死后去见上帝，上帝查看了一遍他的履历，很不高兴地对他说："你在人间活了六十多年，怎么一点成绩都没有？"

约翰辩解说："主呀，是您没有给我机会。如果让那个神奇的苹果砸在我的头上，发现万有引力定律的人应该是我。

上帝说："我给大家的机会是一样的，而是你自己没有抓住机会，不妨我们再试验一次。"上帝把手一挥时光倒流回了几百年前的苹果园。上帝摇动苹果树，一只红苹果正好落到约翰的头上，约翰捡起苹果用衣襟擦了擦，几口就把苹果吃掉了。

上帝又摇动了苹果树，一只大一点的苹果落在约翰的头上，结果又被约翰吃掉了。

上帝继续摇落一只更大的苹果落在约翰的头上。约翰大怒，捡起苹果狠狠地扔了出去："该死的苹果，为什么老砸在我头上！"苹果飞到正在睡觉的牛顿的头上，牛顿醒了，捡起苹果，豁然开朗，就发现了万有引力定律。

上帝对约翰说："你现在应该口服心服了吧！"约翰哀求道："主啊，请你再给我一次机会吧……"

上帝摇了摇头说："可怜的人呀，我就是再给你一百次机会也没用……"

当机遇来了的时候，很多人却识别不清了，把这个已经被乔装打扮过后的机遇直接就和复杂的任务、麻烦的困难画上了等号，所以他们选择了逃避、不理会的态度，结果机遇只好灰溜溜地走了。就像上面故事中的约翰，即使上帝给他一千次机会，他也未必能抓得住。

其实，我们只要把日常工作中的每个问题、每个麻烦都认真解决掉，机会便会展现出它的本来面目，最终降临到我们身上。

林威在一家大型建筑公司担任设计师一职。刚到公司时，老板并没有给他分配很重要的工作，只是常常让他跑工地、看现场，有时还要为不同的老板修改工程细节，非常辛苦。但他一直认认真真地工作，毫无怨言。

有一次，老板安排他为客户做一个设计方案，时间只有三天，看过现场后，他立即投入工作。这是林威第一次独立承担重任，所以三天时间里，他异常兴奋，食不甘味，寝不安枕，满脑子都想着如何将这个方案做好。他到处查找相关资料，虚心地向别人请教。三天后，当他将设计方案交给老板时，得到了老板的肯定。这个方案给公司带来了巨大利润，他也给老板留下了好印象。从此之后，林威平步青云，薪水也是连年翻番。

后来，老板回忆这个情节时，这样说道："我知道给你的时间很紧张，但我们必须尽快将设计方案做出来。如果当初你因此抱怨，甚至推掉这个任务，你将可能一直得不到公司的重用。你表现得非常出色，在最短的时间内圆满地完成了任务，公司当然需要你这样的员工，所以在你完成任务之后，我便着力培养了你。"

其实，机遇存在于工作的方方面面中。只要你足够认真、足够努力，同时将工作做得比别人更完美、更出色，那么你迟早能得到机遇的垂青。

荣誉永远属于对工作永不满足的人

有句话说："工作如逆水行舟，不进则退。"一个人只有对工作永不满足，一直寻求更高的工作标准，才能在工作中不断提升。而如果你是一个觉得在工作中一直这样下去也挺好，甘于现状，不思进取的人，那么你迟早会被企业淘汰出局。因为社会在进步，企业要发展，你要想在一个企业中存活下去，就必须要对工作永不满足，不断地努力改变，寻求自己的不断进步，只有这样，你才能做得更好，因为所有的企业都不需要贪图安逸的员工。

有一位名叫李勇的打工仔。26年前，他和潘石屹在深圳的南头边关相识，走深圳、闯海南，一起挑过砖，成了一对共患难的"苦友"。然而，如今的李勇仍然辗转各地打工，而潘石屹早已成为SOHO中国董事长，身家高达36亿美元！

1987年2月，21岁的李勇到广东打工，在这里他结识了来深圳发展的潘石屹，很快，二人便以兄弟相称。

1987年11月，两人去深圳市福田区正泰贸易公司应聘当业务员。公司主要销售电话机，底薪200元，按业绩提成。

可两人不懂粤语，普通话又不太标准，因此他们的业绩始终上不去。一次，他俩到一家公司推销，对方怎么都听不懂他们在说什么，后来干脆恼了："你们普通话都不会说，搞什么乱？出去！"李勇涨红着脸扭头就走，潘石屹却掏出笔和纸，飞快地写道："我们是推销电话机而不是推销普通话，我们的普通话说得不好，但电话机的质量很好。"

对方接过来一看，不由得点了点头。5部电话机就这样卖出去了。

渐渐地，两人打开了局面，月收入涨到五百多元，潘石屹还因为点子多，被提拔为业务经理。

李勇至今记得，海南建省的消息传来时，潘石屹拿着报纸，满脸激动："我们一起闯海南吧！"

李勇大吃一惊："潘哥，去海南人生地不熟的，每月能挣五六百元钱吗？"潘石屹却说："你放心吧，海南刚刚建省，机会多得是。我们去，一定不会错！"

1988年5月底，两人各自带着一千多元的积蓄到了海口。

然而，相比深圳，在经济相对落后、人满为患的海口，想找到一份工作绝非易事。

三个月过去，两人已经身无分文，最后，他们找到了海口市东英镇的一家砖厂想去做砖。

岂料，砖厂的王老板一看他俩穿得清清爽爽，便一口回绝道："一看就不是做砖的样子，走吧！"

潘石屹却挽起裤管，往黄泥中一站："我这样像做砖的样子了吧？你放心，只要来了砖厂，我们就不会比其他人差！"

老板来了兴趣，收留了他们。

砖厂建在山上，不通电，只能点煤油灯照明，挖土、和泥……所有工序全靠人力，一天下来累得要命。

二十多天后，潘石屹扛不住了。他径直找到王老板，提出如果自己当厂长，工地混乱和效率低下的问题全都可以解决。

李勇觉得潘石屹胆子太大，潘石屹说："他如果答应，我觉得我能管好;不答应，我也不会亏什么。但不试试，怎么知道呢？"

第二天，王老板答应了。

潘石屹立刻开始改革：花几百元钱买来水管，引水到砖厂和泥；又买来了小型发电机，方便夜间照明和加班……

一年后，厂长潘石屹的薪水涨到了一千多元，而李勇也被他提拔为组长，每月也有三百多元的收入。

1989年10月，王老板把经营重点转到房地产，准备转让砖厂。

潘石屹马上找李勇商量："老弟，我们把砖厂承包下来，干不干？"

李勇担心欠债，又不好意思拒绝，便不肯投钱，只说："赚得多你就多给我点工资；亏了，算我白干。"

潘石屹以每月8000元的价格承包了砖厂。在他的经营下，第一个月交了承包款后，还净赚一万多元。很快，砖厂员工从最初的一百多人增加到四百多人，每月都盈利两三万元，李勇的收入也涨到了两三千元。

但是好景不长，由于经济基础薄弱，当地户籍人口很少，海南房地产的疯狂开发大大超出了市场的正常消化能力。1990年年初，房地产热急剧降温。潘石屹承包的砖厂难以为继，苦撑了数月后关门大吉。当潘石屹遣散工人时，赚到的钱也基本赔光了。

这次打击之后，李勇痛下决心：明明知道潘石屹过不了安稳日子，自己为什么要跟着他这样瞎折腾啊？

1990年8月25日，潘石屹与相处三年的李勇在倒闭的砖厂门前分手，消失在了人海茫茫的海口街头。

1995年，潘石屹和海归妻子张欣创立SOHO，事业越做越大……

而李勇在海南打了两年工后，回到老家结婚生子，此后四处打工，养家糊口……

潘石屹的成功是因为他不满足于现状，想要时时突破自我，敢于拼搏，最后他成功了。而李勇只满足于自己的一点点小成就，只顾眼前利益，想要安逸，最终他还是逃不开给人打工的命运。

一个人，如果长期满足于自己的现状，那么就会慢慢滋生出懒惰的心理。然后便日复一日地不断重复着熟悉得不能再熟悉的工作，不懂得去创新、去努力、去拼搏，所有的成功和荣誉也都会离他远去。

对现状不满，不是坐在原地夸夸其谈，而是志存高远，为进一步的发展做下一步规划。保持饥饿，才有前进的动力；在原地踏步，最后就会被这个不断前进的世界落到后面。满足于现有的成绩，就容易留在原点，时间一久，会让人退步。谁都不希望自己被淘汰，所以不要满足于当前的工作，继续前进，才有可能得到更多的荣誉和更大的成功。